UTB

D1917075

UTB 3425

Eine Arbeitsgemeinschaft der Verlage

Böhlau Verlag · Köln · Weimar · Wien
Verlag Barbara Budrich · Opladen · Farmington Hills
facultas.wuv · Wien
Wilhelm Fink · München
A. Francke Verlag · Tübingen und Basel
Haupt Verlag · Bern · Stuttgart · Wien
Julius Klinkhardt Verlagsbuchhandlung · Bad Heilbrunn
Lucius & Lucius Verlagsgesellschaft · Stuttgart
Mohr Siebeck · Tübingen
Orell Füssli Verlag · Zürich
Ernst Reinhardt Verlag · München · Basel
Ferdinand Schöningh · Paderborn · München · Wien · Zürich
Eugen Ulmer Verlag · Stuttgart
UVK Verlagsgesellschaft · Konstanz
Vandenhoeck & Ruprecht · Göttingen
vdf Hochschulverlag AG an der ETH Zürich

UTB Profile

Joan Kristin Bleicher

Internet

UVK Verlagsgesellschaft mbH

Joan Kristin Bleicher ist Professorin für Medienwissenschaft
an der Universität Hamburg.

Bibliografische Information der Deutschen Nationalbibliothek
Die Deutsche Nationalbibliothek verzeichnet diese Publikation in der Deutschen Nationalbibliografie; detaillierte bibliografische Daten sind
im Internet über http://dnb.d-nb.de abrufbar.

ISBN 978-3-8252-3425-6

Reihenkonzept und Umschlagentwurf: Alexandra Brand
Umschlagumsetzung: Atelier Reichert, Stuttgart
Satz: Claudia Wild, Konstanz
Lektorat: Klose Textmanagement, Berlin
Druck: fgb · freiburger graphische betriebe, Freiburg

UVK Verlagsgesellschaft mbH
Schützenstr. 24 · D-78462 Konstanz
Tel.: 07531-9053-0 · Fax: 07531-9053-98
www.uvk.de

Inhalt

Warum Internet?

Internet im Profil

Anhang

Warum Internet?

Das flüchtige Medium

Ein Grundproblem der wissenschaftlichen Beschäftigung mit dem Internet bildet die hohe Dynamik seiner Veränderung, die Forschungsergebnisse schnell veralten lässt. Im Vergleich zu anderen Medien wie dem Fernsehen beschleunigten sich sowohl die Phasen der Konzeption, Entwicklung, Durchsetzung und Etablierung des Internets. Häufig verwendete Bezeichnungen wie Datenautobahn, Cyberspace Web 2.0 oder Social Web signalisieren grundlegende Veränderungen der Verbreitung und Vernetzung von Daten hin zu eigenen Formen der Gemeinschaftsbildung und sozialen Vernetzung. Parallel zu diesen Veränderungen sind Titel wie die »Google-Gesellschaft« (Lehmann/Schetsche 2005) exemplarisch für die wachsende Kritik an dem immer enger werdenden Zusammenhang aus ökonomischer Konzentration und dem Verlust an Meinungs- und Informationsvielfalt. Als fester Bestandteil des Medienensembles ebenso wie des menschlichen Alltags bildet das Internet den Untersuchungsschwerpunkt vielfältiger Forschungs- und Publikationsaktivitäten. Das vorliegende Buch fasst die Kernbereiche der bisherigen medien- und kommunikationswissenschaftlichen Forschung in einer kompakten Gesamtdarstellung zusammen.

Internet im Profil

1

Rahmenbedingungen und Funktionsweisen

Die Angebotsstruktur und Funktionsvielfalt von Medien ist nicht nur von ökonomischen, politischen und rechtlichen Rahmenbedingungen beeinflusst. Insbesondere Produktions-, Verbreitungs- und Empfangstechnik beeinflussen die Auswahl, Produktion, Gestaltung und Wirkung von Inhalten. Die spezifische technische Grundlage für die Produktions-, Angebots- und Funktionskomplexität des Internets bildet die Vernetzung leistungsfähiger Computer. Dieses Vernetzungsprinzip findet seine Strukturanalogie auf der Ebene der Verbindung von Angeboten (Hypertextprinzip der Verlinkung von Inhalten) und auf der Ebene der Wirkung, etwa in der Community-Bildung, durch die Vernetzung von Menschen.

Technische Netzwerk-, Computer-, und Softwareentwicklungen beeinflussen die inhaltliche Vielfalt, die Netzästhetik und ihre Wirkung. Das Internet fungiert u. a. als Archiv umfassender Wissensbestände, als Videoplattform, Kommunikations- und Diskussionsraum, Geschäft, Arztpraxis, Sozialgemeinschaft, Spielplatz, Informations-, Kultur- oder Unterhaltungsmedium, aber auch als Atelier, Museum und Bibliothek. Maßgeblicher Faktor dieser Funktionsvielfalt ist die Hybridisierung von Angeboten, Diensten und Kommunikationsmöglichkeiten. So bilden interaktive Kommunikationsformen wie Chats oder Blogs die Grundlage von Sozialgemeinschaften, die wiederum auch ökonomische Funktionen im Bereich Marketing erfüllen können.

In Anlehnung an McLuhans Modell der medialen Erweiterung menschlicher Wahrnehmungsorgane (McLuhan 1992) bezeichnete Vilém Flusser das Internet als »elektronisches Gedächtnis«, das menschliche Hirnfunktionen simuliere (Flusser 1989, 49). Es realisiere alte Utopien des umfassenden Wissens: »Die Vision vom ›Global Brain‹, beschrieben von Autoren wie Peter Russell und Howard Bloom, vorgedacht aber von dem Jesuitenpater Pierre Teilhard de Chardin und dem Russen Wladimir Wernadskij in den 1920er Jahren, sieht eine erdumspannende Intelligenz wachsen, hervorgebracht von einer immer enger vernetzten Menschheit« (Gleich 2002, 285). Die Netztheoretikerin Donna Haraway radikalisiert in den Thesen ihres Textes »Die Neuerfindung der Natur: Primaten, Cyborgs und Frauen« (1995) dieses Modell der medientechnischen Organausweitung. Das Internet durchbreche die bisherige Dichotomie von Mensch und Maschine; Medientechnik und Nutzerkörper beginnen zu verschmelzen.

Trotz dieser Funktionsvielfalt wird das Internet von Wissenschaftlern und Nutzern vor allem dem Mediensystem zugeordnet, dessen technische, politische, ökonomische und rechtliche Rahmenbedingungen, Angebote und Funktionspotenziale von gesellschaftlichen Interessen beeinflusst sind. Als Medien gelten technisch basierte Träger von informativen und unterhaltenden Inhalten, die als visuelle, akustische oder sprachliche Zeichen von Anbietern an Mediennutzer vermittelt werden. Printmedien, Radio, Fernsehen und Internet fungieren als Institutionen gesellschaftlicher Information und Kommunikation, bilden aber auch eine wichtige Grundlage für die subjektive Identitätskonstruktion. Ihre Finanzierungsform ist politisch geregelt, das inhaltliche Spektrum rechtlich (beispielsweise in den Rundfunkstaatsverträgen) eingegrenzt. Die Finanzierung der Anbieter wie Verlage, Rundfunk- oder Fernsehanstalten erfolgt durch Gebührenzahlungen der Nutzer oder durch die Werbung privatwirtschaftlicher Unternehmen.

Merksatz

Der Computer als Kerngerät der Internetvermittlung ist ein Hybridmedium, da er den Nutzern erlaubt, zwischen einer Vielzahl unterschiedlicher Angebots-, Kommunikations- und Nutzungsformen zu wechseln (Höflich 1996). Mike Sandbothe verweist mit der Begriffszuweisung »Hybrid- und Transmedium« auf neue Formen der Verknüpfung von Bild, Sprache und Schrift im Internet (Sandbothe 1997, 13).

Mit gesellschaftlichen Entwicklungen verändern sich die Anforderungen an das Mediensystem. Kontinuierlich vorhanden ist der Bedarf an aktuellen Informationen und an einer psychologischen Stabilisierung durch Unterhaltungsangebote. In Krisenzeiten erfolgt eine Stabilisierung gesellschaftlicher Verhältnisse, die Globalisierung wiederum erfordert die Vermittlung flexibler Lebensmodelle (Prokop 2001, 410 ff.). Durch das Entstehen neuer Medien wird das bisherige Angebots- und Funktionsspektrum neu organisiert.

Medieneinführungen sind mit sehr unterschiedlichen Erwartungshaltungen verknüpft, welche die Struktur und Nutzung jeweils neuer Medien entscheidend beeinflussen. Durch unterschiedliche Medienentwicklungen gleich bleibende Wunschkonstellationen wie etwa die umfassende Informations- und Wissensvermittlung oder interaktive Nutzungsmöglichkeiten richteten sich auch an das Internet. Die verschiedenen Erwartungen an Medieneinführungen werden durch die tatsächlichen Nutzungsweisen eingegrenzt und lösen so Wunschkonstellationen aus, die zu weiteren medientechnischen Entwicklungen führen.

Netzstrukturen des Internets

Der Begriff Internet ist eine Kurzform der Bezeichnung *Interconnected Net*. Die Definition des Internets als weltumspannendes Computernetzwerk erfasst die Reichweite der elektronischen Verbindungen zwischen unterschiedlichen Rechnern (Zehnder 1998, 4). Innerhalb des Metanetzwerks Internet betreiben als Institutionen etwa Telefongesellschaften, Hochschulen oder Computerunternehmen unterschiedliche Teilnetze. Mailboxnetze wie das Usenet dienen neben dem Datentransfer der Übertragung von elektronischen Briefen und Diskussionsbeiträgen. Wirtschaftsunternehmen nutzen Intranets für ihre interne Mitarbeiterkommunikation. »Computernetzwerke, die mit Hilfe der Paketvermittlung miteinander sprechen« (Gillies/Cailliau 2002, 6), besitzen unterschiedliche Reichweiten:

- auf eine Region begrenzt sind die Local Area Networks (LAN),
- an die Reichweite ihres Unternehmens angepasst sind firmeninterne Intranets (sie sind nur für Mitarbeiter zugänglich) und Extranets (sie stehen externen Nutzern mit einer besonderen Zugangserlaubnis zur Verfügung),
- von Ländergrenzen unabhängig sind großflächigere Netze wie die Middle Area Networks (MAN) und Wide Area Networks (WAN).

Verbindungen erfolgen durch weltweite Telekommunikations-, Satelliten- oder Datenleitungen, Computer und Netzwerke, die sich durch gemeinsame Sprachen (Protokolle) verständigen. Grundlegende Komponenten organisieren die Übertragung: Adressen (Uniform Resource Locators URLs), das Hypertext Transfer Protocol (http) – mit dem Angebote verknüpft werden – und die Hypertext Markup Language (HTML), als

Programmiersprache für die Erstellung von Webseiten. Text-, Ton-, Grafik- oder Videodateien bieten Nutzern eine Vielzahl von Diensten und Interaktionsmöglichkeiten (Fritz 2001, 21).

Im allgemeinen Sprachgebrauch werden Internet (als Bezeichnung für die technische Vernetzung) und World Wide Web (als Bezeichnung für die komplexe Angebotsfläche) häufig synonym verwendet, was James Gillies und Robert Cailliau auf dessen Angebotskomplexität zurückführen (Gillies/Cailliau 2002, 1). Die weltweite Vernetzung von Servern mit umfassenden Datenspeichern determiniert die große Bandbreite der Angebote und die vielfältigen Nutzungsmöglichkeiten des WWW. Seine Hypertext- und Linkstruktur passt sich der technischen Netzstruktur und ihren Knotenpunkten an. Auf diese Weise determiniert die technische Struktur die Angebotsstruktur.

Technische Voraussetzungen und Funktionsweisen

Für einen funktionierenden Datenaustausch sind verschiedene technische Komponenten wie Rechner, Modems und Datenleitungen notwendig. Die Verknüpfung der Netze erfolgt durch ein System aus Datenleitungen, Satelliten und leistungsfähigen Rechnern, Routern oder Gateways, die als Knotenpunkte Verbindungen zwischen Netzwerken herstellen (Fritz 2001, 32). Backbones bilden als leistungsstarke Netze die zentralen Datenleitungen. Generell erfolgt die Datenvermittlung asynchron, so dass Nutzer nicht wissen, wann von ihren Rechnern Daten abgeschickt werden und wann sie bei dem adressierten Rechner ankommen.

Diesen Transfer regelt das Transfer Control Protocol (TCP), das Daten wie im Postverkehr in Daten aufteilt, nummeriert, adressiert, versendet und vom empfangenden Rechner wieder anhand der Nummern zusammensetzt (Berners-Lee 1999, 37). Die Adressierung folgt dem einheitlichen Schema des Uniform Resource Locators (URL). Eine typische Adresse ist etwa <http://www.uni-hamburg.de>. Die Router an den Knoten des Netzes nutzen das Internet Protocol (IP), um die Pakete an die richtigen Adressen weiterzuleiten. Sollte ein Paket verloren gehen, fordert das TCP automatisch eine erneute Übertragung an. Browser organisieren den Datenaustausch für die Nutzer u. a. via Telefonleitung und stellen zur Erleichterung der Nutzung die Codierung und Decodierung der Datenpakete grafisch dar. Ethernetprotokolle steuern die Kommunikation in kleineren Netzwerken, etwa in Unternehmen.

Ein Vergleich mit dem Verkehrssystem beschreibt die Funktionen der in Schichten strukturierten verschiedenen Protokolle. Die unterste Protokollschicht kann als das Straßensystem des Internets beschrieben werden; die weiteren Schichten regeln Ablauf, Art und Richtung des Verkehrs (Gillies/Cailliau 2002, 32). Für die Nutzer bildet die Anwendungsschicht die sichtbare Oberfläche des Internets: Sie enthält die verschiedenen Dienste, Kommunikations- und Informationsangebote. Die darunter liegenden Schichten sind die technischen Träger dieser Angebote, die als Daten transferiert werden. Alle anderen Schichten bleiben als technische Verbindungen für Nutzer zwar unsichtbar, sind aber dennoch maßgeblich für das Funktionieren der medialen Kommunikation.

Ökonomische Rahmenbedingungen

Medienökonomische Eigentumsverhältnisse besitzen wie medientechnische Grundlagen eine maßgebliche Bedeutung für Angebotsstrukturen und Funktionsweisen. Im Internet sind häufig ökonomische Verwertungsinteressen nicht erkennbar, da die kostenlose Verbreitung von Inhalten und Dienstleistungen für viele Nutzer selbstverständlich ist. Auch die demokratische, von Eigentumsverhältnissen unabhängige Netzstruktur bildet ein Ideal: »It isn't a thing; it isn't an entity; it isn't an organization. No one owns it; no one runs it. It is simply everyone's computer. Connected« (Gleick 1994, 57). Gleick übersieht, dass etwa Unternehmen der Telekommunikationsbranche Teile des Netzes besitzen. »Viele kleine Einzelnetze, die im Besitz von sehr unterschiedlichen Firmen und Gesellschaften sind, bilden zusammen das Internet« (Zehnder 1998, 4). Ein vielschichtiges System an Eigentums- und Kontrollverhältnissen umfasst folgende Institutionen:

- Provider (u. a. AOL, Yahoo, Microsoft, Lycos),
- Kabelbetreiber (u. a. Alternet, ANS, MCI, Sprint),
- Hardwareproduzenten (u. a. Cisco, IBM),
- Softwareproduzenten (u. a. IBM, Microsoft),
- Suchmaschinen (Google, AOL, Yahoo, Lycos, Infoseek),
- US-amerikanische Dachverbände:
  - das World Wide Web Consortium (W3C) ist für die Entwicklung technischer Standards zuständig,
  - die amerikanische Internet Society (ISOC) kontrolliert Grundsatzentscheidungen über technische Standards,
  - die Internet Corporation for Assigned Names and Numbers (ICANN) vergibt weltweit Internetadressen,
- Aufsichtsbehörden (u. a. die Kartellbehören und die Wettbewerbsaufsicht der EU, die Kartellbildungen verhindern sollen),

- supranationale Medienkonzerne wie Time Warner, die das Internet als »weltweiten Programm-, Werbungs- und Handelsmarktplatz« (Prokop 2001, 416) ansehen.

Zur Vermeidung von Interessenkonflikten zwischen diesen Institutionen etablierte das World Wide Web Consortium (W3C) seit 1994 rechtliche und politische Regulierungen, die für alle Anbieter und die Nutzer verbindlich sind. Als »Regierung« des Internets fungiert die Internet Corporation for Assigned Names and Numbers (ICANN). Die von Institutionen wie der ICANN festlegten Domainnamen ermöglichen als Adressen die zielgerichtete Kommunikation im Internet. Dieses Adressierungsmodell greift kulturhistorische Vorbilder zielgerichteter und dennoch vernetzter Kommunikation wie etwa der Post auf. Um die Zahlenkombinationen der IP-Adressen übersichtlicher zu gestalten, werden im Domain-Name-System Zahlenkombinationen durch Buchstabenkombinationen ersetzt. Dazu zählen Ländernamen wie.us für die USA oder.fr für Frankreich, Bereichsnamen wie.gov für Regierung oder.com für Commerce.

An der Auffindbarkeit von Inhalten sind für die Nutzer weniger die Adressen, sondern vor allem die Suchmaschinen beteiligt. Ist eine Seite technisch nicht erfassbar, lässt sich ihr Inhalt nur sehr aufwändig recherchieren. Wird die Seite von der Software als nicht relevant eingestuft, ist er für die Nutzer nicht verfügbar. Sherman/Price (2001) ordnen diese Inhalte dem Opaque Web als Teil der nicht erfassten Daten des Invisible Webs zu. Es umfasst auch Seiten, die sich an bestimmte Nutzer richten oder die nur gegen Bezahlung zugänglich sind.

Die Vermarktung technischer Funktionsweisen bildet einen wichtigen Faktor der Onlineökonomie. Kommerzielle Onlinedienste wie AOL oder Compuserve stellen gegen eine Gebühr den Nutzern ihre Server und Datenleitungen zur Verfügung. Wie bisherige Medienangebote sind auch Netzangebote von der Art ihrer Finanzierung beeinflusst. Sogenannte Affiliates-Programme zahlen Gebühren für Nutzer, die dem Link auf einer Seite folgen. Auf diese Weise lässt sich mit der Aufmerksamkeit der Nutzer und erfolgreichen Querverweisen zwischen Webseiten Geld verdienen. Provider stellen auf bestimmten Servern (Ports) spezifische Angebote, die sogenannten Dienste, bereit, die gegen Zahlung einer Nutzungsgebühr interaktiv genutzt werden.

Merksatz

Die ökonomischen Rahmenbedingungen und technischen Funktionsweisen des Internets beeinflussen maßgeblich seine Angebotsformen und Funktionspotenziale. Die Basisstruktur der Vernetzung beeinflusst auch Angebotsstruktur und Nutzung: Der Vernetzung von Daten und Inhalten entspricht die Vernetzung der Menschen. Die Medialität des Internets besteht in der Kombination aus Massen- und Individualkommunikation, der Verbindung unterschiedlicher Medienästhetiken und der interaktiven Nutzung.

Die spezifischen Kommunikationsmöglichkeiten

Hinsichtlich seiner Vermittlungsform unterscheidet sich das Internet in seinem spezifischen medialen Charakter von anderen Massenmedien, da es seine Angebote nicht zu bestimmten Zeiten verbreitet, sondern für Nutzer unabhängig von Raum- und Zeitgrenzen zur Abrufung bereitstellt. Das traditionelle *Pushmodell* der Kommunikation, bei dem eine Botschaft von einem Kommunikator über ein Medium zu einem Empfänger gesendet wird, verändert sich im Internet zur *Pullkommunikation*, bei der Nutzer gezielt ihre Angebote selbst selektieren. So verändert sich der einseitige Kommunikationsprozess traditioneller Medien, der von einem passiven Rezipienten ausgeht hin zu einer interaktiven Nutzung. Mit der rapide steigenden Ausweitung der Netzangebote und der Netznutzung ging im Verlauf der 1990er Jahre eine schrittweise Rückführung der Pull- in die klassische Pushkommunikation einher. Massenkommunikation im traditionellen Sinne löste sich im Netz nicht auf, sondern wurde zum Spezialfall der elektronisch mediatisierten Kommunikation (Krotz 1995, 450).

Im Internet lassen sich mehrere Ebenen der Kommunikation unterscheiden: »mass, interpersonal, group, organizational etc.« (Jones 1998, 9). Steve Jones überführt diese Kommunikationsebenen in eine mediale Doppelstruktur aus »medium of communication« und »medium of choice«. Beide sind Teilbereiche des »personalized mass media« (ebd., 3). Die Nutzerin bleibt nicht nur auf die Rezeption beschränkt, sondern kann zur Produzentin werden und selbst Botschaften der Massen- und der Individualkommunikation anbieten. Auch auf der Ebene der Technik verschiebt sich die in den traditionellen Kommunikationsmodellen enthaltene Trennung von Produktions- und Empfangsapparat. Howard Rheingold betont die Möglichkeit, Empfangsgeräte auch für die Produktion massenmedialer Inhalte zu nutzen: »In the many-to-many environment of the net, every desktop is a printing press, a broadcasting station and place of assembly« (Rheingold 2000, 171).

Raummetaphern beschreiben spezifische kommunikative Angebote und Funktionen. Friedrich Krotz bezeichnet aus der Nutzungsperspektive das Internet als elektronisch mediatisierten Kommunikationsraum, der sowohl Formen der Massen- als auch der Individualkommunikation beinhalte (Krotz 1997, 113). Er betont weiterhin, dieser elektronisch mediatisierte Kommunikationsraum sei nicht rein technisch bestimmt, er sei nicht herrschaftsfrei, sondern organisatorisch und ökonomisch in die Gesellschaft eingebunden (ebd., 117). Das Netz als sozialer Raum kommunikativer Begegnungen besitzt das Potenzial zum Zentrum der Gesellschaft zu werden (Jones 1998, 2). Auch Auffassungen vom Internet als kulturellem Raum werden mit politischen Aspekten etwa hinsichtlich politischer Selbstregulierung verknüpft (ebd., 4). Dave Healy beschreibt das Internet als »a loose collection or ›ecosystem‹ of subcultures rather than a monolithic culture« (Healy 1996, 65). Raum- und Transportmetaphern verweisen häufig auf einen Kontrast zwischen sozialer, kultureller und ökonomischer Nutzung des Internets. So betont die Metapher des Cyberspace soziale und kulturelle Aspekte, während in den 1990er Jahren die Metapher der Datenautobahn auf kommerzielle Funktionen der Vernetzung hindeutet (Strate/Jacobson/Gibson 1996, 5).

Hinsichtlich der spezifischen, auf das Abrufen durch Nutzer zielenden Angebotsstruktur der bereitgestellten Inhalte und Dienste lässt sich das Internet als technische Plattform beschreiben. Dieses Plattformmodell tritt an die Stelle bisheriger Beschreibungen massenmedialer Kommunikation wie etwa des linear strukturierten Laswell'schen Modells mit seinen Instanzen Sender, Kanal und Empfänger. Dieses in der Kommunikationswissenschaft weit verbreitete Modell kann die Komplexität der Webangebote nicht ausreichend erfassen, da die Verbreitungstechnik nicht nur eine Vielzahl von Sendern, sondern auch eine Umkehrung des Kommunikationsprozesses ermöglicht. Empfänger können jederzeit selbst als Produzenten und Sender auftreten.

Das Internet als Hybridmedium

Das Internet lässt sich durch die parallele Existenz von Diensten wie E-Mails oder Chats, Sozialgemeinschaften wie den Communitys, Konsummöglichkeiten (z.B. E-Bay), Tauschbörsen (z.B. Napster), Wissens-, Informations-, Unterhaltungs- und Ratgeberangeboten als Hybridmedium bezeichnen. Es integriert sowohl bisherige kulturelle als auch mediale Angebotsformen: Informationsangebote berichten über aktuelle Ereignisse, bieten aber auch Beschreibungen kollektiv gültiger Wirklichkeitsvorstellungen an. Fiktionale Angebote wie etwa Filme und Serien vermitteln auch Lebens- und Konfliktlösungsmodelle. Das Internet umfasst, wie die folgende Grafik zeigt, sowohl Angebote der Massen- wie auch Formen der Individualkommunikation.

Formen der Massenkommunikation	Formen der Individualkommunikation
• Information, Bildung, Kultur • fiktionale und nicht-fiktionale Unterhaltung, Service (Onlinedienste), Werbung • Speicher, Datenbankkommunikation • soziale Kommunikation (Foren, Chatgroups) • Ratgeber, Realitäts- und Identitätskonstruktion, Wertevermittlung	• individuelle Selbstdarstellung • Virtualisierung individueller Kommunikation: Onlinetelefon, Chats, E-Mail, Spiele • individuelle Nutzung der Serviceangebote als Virtualisierung von Alltagsaktivitäten • mediale Konstruktion von Identitätsmodellen und sozialen Bindungen

Die Doppelstruktur als Massen- und Individualkommunikationsmedium (Neverla 1998) bildet eine der Grundlagen seiner besonderen Breitenwirkung. So existieren Formen der massenmedialen Kommunikation aus den Bereichen Print, Film, Hörfunk und Fernsehen neben künstlerischen Vermittlungsformen aus den Bereichen Bildende Kunst, Musik, Literatur und Theater sowie Formen der Individualkommunikation wie E-Mails, aber auch Chatrooms und Onlinespiele als Räume der sozialen Begegnung. Dieser Angebotskomplexität entsprechen neue Hybridformen zwischen massenmedialer und individueller Kommunikation. Personalized Web News beispielsweise passen die Nachrichten als traditionelle massenmediale Angebote den subjektiven Interessen der Nutzer an. Auch die flexible Veränderung der Angebote durch Interaktivität steigert die Informations- und Erlebnisqualität.

Merksatz

Der Begriff »interaktiv« charakterisiert ein spezifisches Nutzungsverfahren, für das häufig auch der Begriff der Zwei-Wege-Kommunikation verwendet wird: Nutzer können Informationen abrufen (Ein-Weg-Kommunikation) und zusätzlich Informationen für andere bereitstellen oder in virtuellen Welten wie etwa »Second Life« mit anderen interagieren (Zwei-Wege-Kommunikation).

Es sind in der im nächsten Kapitel folgenden Darstellung der historischen Entwicklung des Internets unterschiedliche Wechselwirkungen zwischen Technik, Angebotsentwicklung und Funktionsschwerpunkte erkennbar: Beispielsweise wurde das Memexmodell als Vorläufer des Internets von Vannevar Bush zunächst als Kommunikationsmedium für den wissenschaftlichen Austausch und Datenverkehr konzipiert. Tatsächlich genutzt wurde es als Archiv und Transfermedium von Wissensbeständen und Informationen, virtueller Spielraum, Plattform für Medienangebote und als virtuelles soziales Netzwerk.

Literatur

Gauntlett, David/Horsley, Ross (2004): Web Studies. Rewiring Media Studies for the Digital Age. London.

Gleich, Michael (2002): Web of Life. Die Kunst vernetzt zu leben. Hamburg.

2

Historische Entwicklung

Wie bereits bestehende Medienentwicklungen (u. a. Radio und Fernsehen, Lenk 1997) lässt sich auch die Geschichte des Internets in vergleichbare Phasen unterteilen. Aus den vorhandenen gesellschaftlichen und individuellen Wunschkonstellationen bezüglich von Medienangeboten und Funktionen gehen Konzepte hervor, die zunächst in ihren Funktionspotenzialen erprobt werden. Erweisen sich die zentralen technischen Entwicklungen schließlich als funktionsfähig, so kann die Phase der Ausdifferenzierung von Angeboten und Funktionen beginnen, die zu einer Steigerung der Breitenwirkung des neuen Mediums und damit zu seiner Durchsetzung führt. Die nun folgende Etablierung bestimmter Angebots- und Nutzungsformen geht mit einer Schwerpunktbildung einher. Dadurch entstehen wiederum Begrenzungen in der Angebots- und Funktionsvielfalt, die neue Wunschkonstellationen und damit neue Medienentwicklungen auslösen.

Wunschkonstellationen und Konzeptphase

Als eine wichtige gesellschaftliche Wunschkonstellation trieb das Bedürfnis nach Überwindung bisheriger räumlicher und zeitlicher Begrenzungen der medialen Kommunikation und Information technische Konzepte des Internets voran. Hinzu traten weitere Wunschvorstellungen wie etwa die Archivierung bestehender Wissensbestände, ein beschleunigter Informations- und Wissenstransfer, die Perfektionierung der Illusionsbildung fiktionaler Weltentwürfe, die Optimierung medialer Erlebnisangebote und die Steuerung gesellschaftlicher Entwicklungen und persönlicher Meinungen.

1945 präsentierte der Vizepräsident des Massachusetts Institute of Technology (MIT) Vannevar Bush in dem Zeitschriftenaufsatz »As We May Think« (*Atlantic Monthly*) seine Vision eines Wissenstransfers und stellte das von ihm konzipierte Memexmodell einer elektronischen Datenspeicherung und -vermittlung vor (Bush 1945). Bereits in den 1940er Jahren orientierten sich weitere Netzwerkentwicklungen etwa von

Douglas Engelbart und Leonard Kleinrock an Bushs Vorstellungen eines elektronischen Texttransfers. Wissenschaftliche Institutionen wie das MIT kooperierten durch diverse Forschungsaufträge mit dem amerikanischen Militär, insbesondere seiner »Advanced Research Projects Agency« (ARPA), das einen sicheren Datenaustausch in militärischen Konflikten anstrebte. Auch Internationale Forschungsprojekte etwa in Europa entwickelten Konzepte der Computervernetzung und des Datenaustauschs.

Neben dem gemeinsamen Ziel des sicheren Datentransfers durch Netzwerke verfolgten Forschungseinrichtungen, Wirtschaftsunternehmen und Regierungen in den 1960er Jahren unterschiedliche Einzelinteressen. Das 1952 von verschiedenen europäischen Ländern in Genf gegründete CERN (Conseil Européen pour la Recherche Nucléaire) führte Wissenschaftler zu gemeinsamen Forschungsprojekten zusammen, an denen sich auch außereuropäische Länder beteiligten.

Merksatz

An der Konzeption und Entwicklung des Internets beteiligten sich militärische Einrichtungen ebenso wie Wissenschaftler, Studierende und Unternehmen.

Erprobungsphase

Bis das Internet in den 1990er Jahren seine Breitenwirkung erreichen konnte, wurden sehr unterschiedliche Hard- und Softwareentwicklungen verschiedener Hochschulen, Forschungseinrichtungen und Unternehmen kombiniert. Als in den 1960er Jahren erste Ergebnisse zu technischen Netzwerken und Softwareentwicklungen vorlagen, erkannte das amerikanische Militär den Nutzwert der Netzwerktechnologie für die Informationsvermittlung und die militärische Kommunikation. Die Telekommunikationsindustrie hingegen blieb skeptisch, da es keine Vermarktungsmöglichkeiten erkannte und traditionelle Marktbereiche bedroht schienen.

Dennoch entwickelten Unternehmen Modelle, die bis heute die Internetstruktur bestimmen: So veröffentlichte die RAND (Research & Development) Corporation, allen voran der Informatiker Paul Baran, 1964 einen eigenen Netzwerkentwurf, der die Datenübertragung durch den Verzicht auf eine zentral steuernde Instanz auch beim Ausfall eines Teils der Vermittlungsrechner garantierte. Das Modell verband ein Netz aus zahlreichen Knoten mit mehreren Nachbarknoten. Jeder Rechner an den Knoten (Router) besaß eine Routentabelle des gesamten Netzwerks, die als »Verkehrslenkungstabelle« den Transport und die Verteilung koordinierte. War die optimale Route für eine Vermittlung gestört, wählte die Tabelle die zweitbeste Route aus. Die im Netzwerk vermittelten Informationen wurden in gleichgroße Pakete zerlegt, über verschiedene Wege an das Ziel vermittelt und am Zielort in ihrer Reihenfolge wieder hergestellt. Baran leistete einen Transfer zwischen Wirtschaft und Militär und beeinflusste mit seinem Konzept bis heute den Datentransfer im Internet.

Die Gründung eines militärischen Netzes erfolgte in den USA sehr schnell. Bereits 1969 entwickelte und installierte das Unternehmen BBN an unterschiedlichen Standorten das IMP-Netzwerk als Basis des ARPA-net. Dieses Netzwerk bildet die Kerneinheit des heutigen Internets. Vernetzt wurden zunächst Rechner von Universitäten, die mit der Vernetzung und Protokollen als Verständigungsform experimentierten. Im ARPAnet waren 1969 zunächst Computer der UCLA (University of California, Los Angeles), der UCSB (University of California, Santa Barbara), des Stanford Research Institute (SRI) in Palo Alto und der University of Utah in Salt Lake City (UUSLC) verbunden. Unternehmen konzipierten gemeinsam mit Wissenschaftlern als gemeinsame »Sprache« Protokolle für die Verständigung zwischen Rechnern verschiedener Netzwerke. Ein Schichtenmodell sollte die Anpassung bestehender Protokolle an technische Weiterentwicklungen erleichtern.

Frühphase der Angebotsentwicklung

In frühen Phasen der Internetentwicklung war es problematisch, adäquate Angebotsformen für die technische Vernetzung zu finden. Wissenschaftler konnten bei der Datenbanknutzung und dem Wissenstransfer auf Vorläufer elektronischer Informationsvermittlung wie diverse Videotextsysteme zurückgreifen. Im Auftrag der ARPA-Forschungsabteilung IPTO entwickelte Douglas Engelbart ab 1963 das Dokumentationssystem »oN Line System« (NLS), um Dokumente gleichzeitig auf dem Bildschirm darstellen, speichern und suchen zu können. Die einzelnen Texte und Bilder waren auf dem Bildschirm als Kacheln nebeneinander angeordnet und bildeten eine Vorform heutiger Frames. Nutzer konnten sich durch Hyperlinks in den Texten bewegen und zu anderen Dateien wechseln. NLS fungierte auch als Quelle für im Internet vorhandene Informationen (Hafner/Lyon 1997, 91) Zusätzlich entstanden verschiedene Hypertextkonzepte, um Inhalte zu verknüpfen. Ted Nelson verwendete bereits 1965 den Begriff Hypertext für die Vernetzung unterschiedlicher Text- und Informationseinheiten.

Universitäten entwickelten netzspezifische Kommunikationsformen wie etwa elektronische Briefe. Mitarbeiter verständigten sich bereits in den 1960er Jahren mit Vorformen der E-Mail (wie etwa der MIT-Mailbox) im Umfeld ihrer eigenen Großrechner (Hafner/Lyon 1997, 13.) Am 29. Oktober 1969 fand der erste Versuch eines Kommunikationsvorgangs zwischen einem UCLA-Computer und dem IMP-II-Rechner am Stanford Research Institute statt, um die Buchstaben LOG (für »Login«) zu vermitteln, jedoch stürzten die Rechner ab. Trotz dieser technischen Panne wurde die Entwicklung der Computerkommunikation weiter vorangetrieben.

Durchsetzungsphase: Institutionalisierung und Ausdifferenzierung

Technische Verbesserungen im Bereich des Datentransfers und eine zunehmende Zahl an vernetzten Rechnern in wissenschaftlichen und militärischen Einrichtungen erhöhten die Reichweite des Internets. Seit 1970 gab es eine Verbindung zwischen der West- und Ostküste der USA, es folgten Verknüpfungen mit europäischen Netzwerken. 1970 verbreitete sich das ARPA-Netzwerk durch die langsame Rechnerproduktion mit einer durchschnittlichen Geschwindigkeit von einem Knoten pro Monat. Auch bei den Softwarekapazitäten kam es zu Engpässen, die das Netzwerkwachstum in den 1970er Jahren im Vergleich zur rapiden Ausweitung der 1990er Jahre einschränkten.

Zu Beginn der 1970er Jahre begannen Wissenschaftler die bisherige Struktur der Wide Area Networks (WAN) durch kleinere Netzwerke, die Local Area Networks (LAN), zu ergänzen. Parallel zu dieser Lokalisierung entwickelte sich auch die bisherige Globalisierung bestehender Netzwerke weiter. Eine Basis hierfür war das Konzept des Internetworking, indem durch das Transmission Control Protocol (TCP) als einheitlicher Vernetzungssoftware die internationale Kommunikation ermöglicht und beschleunigt wurde. TCP konnte Datenpakete in beliebiger Reihenfolge übertragen und stellte erst bei ihrer Ankunft die richtige Reihenfolge wieder her. 1973 funktionierte das Internet wie ein Schienensystem, auf dem als adressierte Pakete verpackte Informationen zwischen verschiedenen Netzwerken transferiert werden konnten.

Im Zuge der technischen Verbesserungen des Datentransfers und der zunehmenden Zahl an vernetzten Rechnern verstärkte sich auch der militärische Einfluss auf weitere Entwicklungen. Um der Kritik an einer militärischen Nutzung vorzubeugen, nannte man ARPA (Advanced Research Projects Agency) in DARPA (Defence Advanced Research Project Agency) um: Defence sollte friedliche Absichten demonstrieren. Die DARPA stellte ihre bisher internen technischen Netzwerkentwicklungen im Oktober 1972 während der International Conference on Computer Communications (ICCC) in Washington einer Fachöffentlichkeit vor. Präsentiert wurden u.a. Simulationen, Konversationsprogramme, Spiele und eine computergesteuerte Roboterschildkröte an der UCLA, die von Washington aus gelenkt werden konnte. Durch die Medienberichterstattung von dieser Vorführung erfuhr erstmals auch die Öffentlichkeit von Computernetzwerken. Doch die massenhafte Verbreitung des Internets ermöglichte – trotz des nun bestehenden allgemeinen Interesses – erst die Verbilligung der erforderlichen Computer. Apple Computer Inc. stellte 1977 mit dem beginnenden Verkauf preisgünstiger Mikrocomputer die für die Internetnutzung erforderlichen Empfangsgeräte bereit.

In den 1970er Jahren beschleunigte sich die Entwicklung unterschiedlicher E-Mail-Angebote, die sich jedoch nur schwer vereinheitlichen ließen. 1972 ermöglichte Ray Tomlinsons erstes funktionsfähiges E-Mail-Programm auf Basis eines Protokolls, Daten sowohl zu senden als auch zu empfangen. Für seine elektronische Post entwickelte Tomlinson ein eigenes Adressschema mit einem Zeichen, was er auf seinem Rechner nie benutzte: @. Tomlinsons Schema »Benutzername@Name des Hostcomputers« setzte sich gegenüber anderen Modellen durch. Bereits 1973 stellte eine ARPA-Studie fest, dass drei Viertel des Datenverkehrs im ARPAnet aus E-Mails bestanden (Hafner/Lyon 1997, 230). Um die massenhaft ein- und abgehenden E-Mails zu organisieren, entwickelten Mitarbeiter Mail-Manager, die das Aufrufen, Ablegen und Löschen der Mails erleichterten (Hafner/Lyon 1997, 234 ff.). 1975 entstand eine elektronische Diskussionsgruppe zu Kommunikationsdienst-Entwicklungen, die den Namen Messages Service Group (MsgGroup) erhielt (Winston 1998, 330). Die circa 1000 Gruppenmitglieder verwendeten für ihre Diskussionen erstmals Mailinglisten. Dieses Verbreitungssystem an bestimmte Adressatengruppen setzte sich schnell u.a. bei Fangruppen durch (Hafner/Lyon 1997, 238 ff.). Kevin MacKenzie erfand am 12. April 1979 Emoticons wie =) als Zeichen für emotionale Befindlichkeiten, um Missverständnisse in der Kommunikation zu vermeiden (Winston 1998, 330)

Durch die Gründung von Kontroll- und Regulierungsgremien etablierten sich seit den 1970er Jahren immer stärkere Organisationsstrukturen. 1972 schlossen sich die Leiter europäischer und amerikanischer Vernetzungsprojekte mit dem Ziel verbesserter Koordination zur International

Network Working Group (INWG) zusammen. Im Juli 1975 waren die bisherigen technischen Entwicklungen abgeschlossen, so dass die Defence Communications Agency das ARPAnet als arbeitendes Netzwerk nutzen konnte. DARPA erklärte 1975, dass sie das ARPAnet nicht mehr als Forschungsprojekt betrachtet und übergab es der Defence Communications Agency für die ausschließlich militärische Nutzung.

In den 1970er Jahren erweiterten neben dem bislang dominierenden Informations-, Kommunikations- und Datenvermittlungsbereich auch Unterhaltungsformen wie Onlinespiele (Dungeons and Dragons 1976) das Angebotsspektrum. Gleichzeitig wurde die Nutzung erleichtert, da Programme wie Smalltalk durch visuelle Oberflächen die Computernutzung auch ohne Kenntnis von Programmiersprachen ermöglichten.

Etablierungsphase

1983 löste sich das ARPAnet mit seinem eigenen Netzwerk Milnet endgültig von bisherigen Kooperationen, so dass nun Unternehmen und wissenschaftliche Einrichtungen gemeinsam das zivile Internet betrieben. Die kontinuierliche Erweiterung der Netzwerke und die kontinuierlich ansteigende Zahl vernetzter Rechner steigerten den Bedarf an einheitlichen Adressierungen. Mit dem von der DARPA 1986 eingeführten Domain-Namen-System (Winston 1998, 331) konnten Adressen durch Kürzel wie (.edu = Universität) identifiziert werden.

Nutzer waren nicht nur an einem Datenaustausch interessiert, sie wollten die Rechnervernetzung für eigene »Gespräche« nutzen. Ab 1981 verbreitete Ira Fuchs (City University of New York) in seinem »Because It's There Network« (BITNET) Sofortnachrichten (Instant Messages) an Wissenschaftler (Hafner/Lyon 1997, 289).

In den 1980er Jahren etablierte sich das Internet schrittweise als Informationsmedium, das neben der One-to-many-Kommunikation traditioneller Massenmedien auch Formen der Many-to-many-Kommunikation zwischen Nutzern ermöglichte. Das 1983 entwickelte »Fido«, ein Mailbox- und E-Mail-System, ermöglichte einen Transfer aktueller Informationen. Seit den 1980er Jahren passte das Internet Werbeformen etablierter Massenmedien seinen interaktiven Möglichkeiten an und entwickelte sich mit seiner wachsenden Reichweite immer mehr zu einem konkurrenzfähigen Werbemedium.

Wünsche nach einer stärkeren Individualisierung der bisherigen Netzkommunikation lösten weitere Entwicklungen aus. Der 1988 in Finnland entwickelte Internet Relay Chat (IRC) ermöglichte eine zeitgleiche Kommunikation der Nutzer. Seit Mitte der 1990er Jahre erleichterten Webbrowser die Chats und damit ihre massenhafte Verbreitung und thematische Ausdifferenzierung.

Die steigende Zahl an Kommunikationsmöglichkeiten und Angebotsformen erhöhte das Interesse an verbesserten Orientierungsmöglichkeiten, übersichtlichen Organisationsstrukturen und Netzsicherheit. Die Entwicklung des Programms Archie 1989 (für Archiv – im Englischen »archive« – nur ohne V), sollte das Angebot an zum Herunterladen bereitgestellten FTP (File Transfer Protocol)-Dateien und kostenloser Software übersichtlicher machen. Das Wide Area Information Servers Projekt (WAIS) suchte Dateien nach bestimmten Schlüsselwörtern ab. Nutzer konnten erstmals entweder Töne, Fotos oder Texte ermitteln.

Anfang der 1990er Jahre öffnete sich das Internet mit der von Tim Berners-Lee entwickelten leicht nutzbaren Angebotsfläche des World Wide Web für eine breite Öffentlichkeit. Hypertexte bildeten Netze, deren Verbindungen sich immer wieder neu knüpfen lassen konnten (Gillies/Cailliau 2002, 204 ff.). Die Nutzer wurden infolgedessen befähigt, Adressen bereits besuchter Webpages abzuspeichern und diese Seiten mit der eigenen Seite zu verknüpfen. Zur Veranschaulichung der Daten auf dem Computerbildschirm diente neue Software wie der Browser Viola (1991).

Auf Basis unterschiedlicher technischer Entwicklungen vollzog sich eine Visualisierung des Webdesigns. Darüber hinaus zeichneten sich neue Möglichkeiten der visuellen Weltvermittlung ab. 1991 setzten an der Universität Cambridge Wissenschaftler, die mit Netzwerken experimentierten, erstmals eine Webcam zur Überwachung ihrer gemeinsamen Kaffeemaschine ein. Nach der Einführung der Grafiksoftware Java 1995 veränderten sich textbasierte Onlinespiele immer mehr zu »virtual environments« (VRML).

Auch politische Bewegungen schalteten sich in die Prozesse der Ausweitung des WWW ein und schufen seit den 1990er Jahren eigene Institutionen, wie die Electronic Frontier Foundation (EFF), um die Unabhängigkeit des Netzes zu fördern. Die Internet Society (ISOC) bildete ab 1992 ein Forum für unterschiedliche Interessen der Nutzer, Unternehmen und Regierungen (Gillies/Cailliau 2002, 71). Die politische Kommunikation befreite sich von der Gatekeeper-Funktion traditioneller Massenmedien: durch die umfassende Vernetzung konnte die traditionellerweise bestehende Kontrolle des Informationsflusses umgangen werden.. Regierungen, Parteien und Politiker nutzen seitdem das Internet zur personen- und themengebundenen Selbstdarstellung – bis heute.

Seit den 1990er Jahren verwenden Medienunternehmen, Rundfunk- und Fernsehsender das Internet als zusätzliche Verbreitungsplattform. Am 25. Oktober 1994 stellte der *Spiegel* auf der Frankfurter Buchmesse seinen ersten öffentlichen Onlineauftritt vor (Patalong 2004). Im selben Jahr stellte das Onlinemagazin *Hotwired* die erste Onlineanzeige mit dem Slogan »Have you ever clicked your mouse right here?« ins Netz. Animierte Grafiken oder im Web abgespielte Werbefilme näherten sich immer stärker dem Erscheinungsbild der Fernsehwerbung an.

Verschiedene Pushtechnologien ermöglichten seit 1995 die Übertragung von Rundfunk- und Fernsehsendungen. Als erstes Onlineradio nahm Radio HK seinen 24-stündigen Programmbetrieb auf und seit Ende 1996 ermöglichten Programme wie RealMedia Architecture das Abspielen von Bild- und Tonsignalen zeitgleich zum Ladeprozess. Das Internet konnte nun als Plattform für die Vermittlung massenmedialer Angebote genutzt werden. In der weiteren Entwicklung bildeten sich crossmediale Angebotsstrukturen heraus: Fernseh-Informationssendungen wurden von Online-Hintergrundinformationen begleitet, Onlinespiele enthielten Verweise auf Fernsehsendungen (*Wer wird Millionär*, RTL), unterschiedliche Formen von Gesprächs- und Diskussionsplattformen boten eine Zusatzkommunikation zu Zeitungsartikeln.

Ende der 1990er Jahre schien durch die rapide steigende Zahl vernetzter Rechner eine schnelle Datenvermittlung nicht mehr möglich. Engpässe lösten die Entwicklung des Internets 2 aus, das für einen ausschließlich wissenschaftlichen Datentransfer vorgesehen war (Winston 1998, 335). 2000 erhielt das Internet 2 eine eigene zentrale Datenleitung.

Merksatz

Das Internet veränderte sich vom Medium der Datenvernetzung hin zum Social Web als interaktivem Kommunikationsraum

Interaktive Angebotsformen förderten die Entstehung des Social Web. Ward Cunningham entwickelte 1995 mit dem Portland Pattern Repository das erste Wiki (hawaiianisch für schnell), in dem Nutzer Inhalte bereitstellen und bearbeiten können (Pentzold 2007, 12). Nupedia intendierte 2000 als erste freie Onlineenzyklopädie Wissensbestände für andere verfügbar zu machen (Kohlenberg 2006, 4). Am 23. November 2001 gingen die Internetunternehmer Jimmi Wales und Larry Sanger mit ihrem interaktiven Lexikon Wikipedia online. Nutzer veröffentlichten zu einem

Stichwort ihre Kenntnisse und wurden durch andere korrigiert. Wikipedia etablierte sich innerhalb weniger Jahre als wichtiger demokratischer Wissensbestand der »Weisheit der Massen« (Surowiecki 2005).

Mit Entwicklung von Peer-to-Peer-Filesharing-Angeboten avancierte die traditionelle Tauschökonomie im Internet zur Konkurrenz etablierter Märkte. Kurz nach dem Start der Tauschbörse Napster 1999 verbreiteten immer mehr Nutzer Musikdateien im Web (Freiwald 2004, 15 ff.). Die zur Jahrtausendwende wachsende Zahl neugegründeter Unternehmen bezeichnete der Begriff New Economy. Er steht für die Vorstellung der globalen Vernetzung als Grundlage eines neuen Marktes, in dem unabhängig von Zeit- und Raumgrenzen produziert und konsumiert wird. Onlineauktionen steigerten ihren Beliebtheitsgrad und bilden heute ein zentrales Element der InternetökonomieIn der wachsenden Zahl der seit den 1990er Jahren verbreiteten Weblogs als Hybride aus Onlinetagebüchern, Diskussionsforen und individuellen Linkverzeichnissen mischen sich Selbstdarstellung, aktuelle Informationsvermittlung und thematisch gebundene Diskussionsforen. Bereits in den frühen 1990er Jahren richtete der WWW-Erfinder Tim Berners-Lee eine Vorform der Blogs ein, indem er auf der Website <http://info.cern.ch> eine aktuelle und chronologisch angeordnete Liste neuer Websites bereitstellte. Als eigentlicher Beginn der Blogära gilt das Jahr 1997, als sich mit Cameron Barrets <www.camworld.com> die erste Weblogcommunity entwickelte. Sie bildet die Grundlage der heutigen Blogosphäre.

1998 konnten Nutzer erstmals die Suchmaschine Google verwenden, um in den damals 320 Millionen Webseiten gezielt nach Informationen zu suchen. Google etablierte sich als Gatekeeper, der über die Auffindbarkeit von Inhalten bestimmt und gleichzeitig die Zahl der eigenen Angebote immer weiter ausdifferenziert und so eine Monopolstellung im Internet erreichte. Gerade die Archivierung ganzer Bibliotheksbestände wird von Autoren und Verlagen aus urheberrechtlichen Gründen kritisiert.

Einen wichtigen Schritt hin zur mobilen Nutzung des Internets bildete 2004 die Entwicklung der Webinfrastruktur des Podcastings zusammen mit Programmen, die nach MP3-Dateien suchten und diese für den mobilen Empfang laden konnten. Seitdem in Deutschland der erste Podcast 2004 gesendet wurde, erweiterte sich das Angebot auch durch Empfangsgeräte wie den »iPod« kontinuierlich.

An die Seite von Onlineangeboten bestehender Fernsehprogramme traten Plattformen, die den Nutzern selbst zur Publikation eigener Bildbeiträge offen standen, wie etwa *Homemovie.com* (seit 1999) oder *Guba* (seit 1998). Am 22. Mai 2005 sendete der Amerikaner Steven Chen ein

Video seiner springenden Hauskatze Pajamas im Internet und signalisierte so das Interesse an Bildbeiträgen aus dem privaten Lebensumfeld. Private Videos ermöglichten die Erfolgsgeschichte der Plattform Youtube (seit 2006 ein Tochterunternehmen von Google), die mittlerweile auch zur Verbreitung von Fernsehsendungen und Filmen genutzt wird. Die Linearität des traditionellen Broadcasting wird durch unterschiedliche Formen der Many-to-many-Kommunikation und des Microcasting ersetzt. So avancierte der Microblogging-Dienst Twitter seit 2006 mit Kurzinformationen von maximal 140 Zeichen zu einer Konkurrenz zum etablierten Journalismus (Simon, Bernhardt 2008).

Diese stetige Erweiterung von Angeboten, Kommunikationsformen und Funktionen verdeutlicht die zentrale Rolle des Internets als Verknüpfung verschiedener Netzwerke wissenschaftlicher, ökonomischer und privater Kommunikation und als mediale Parallelwelt.

Diese historische Entwicklung des Internets lässt sich in verschiedene Phasen unterteilen: Die Phase der abstrakten Entwicklung von Wunschkonstellationen und Konzepten legte die Grundlage für die Konkretisierungen von Technik, Angeboten und Funktionen in der Test- und Etablierungsphase. Beschreibt man die Veränderungen in Strukturmodellen, so folgen auf Netzwerke die Plattformen und schließlich die verschiedenen Immersionsangebote (u.a. World of Warcraft und Second Life) des Web 2.0.

Merksatz

Die historische Entwicklung des Internets lässt sich in eine Konzept-, Erprobungs-, Durchsetzungs- und Etablierungsphase untergliedern. Es ist eine Ausdifferenzierung der Angebotsformen erkennbar. Sowohl die Entwicklung von Technik und Angeboten als auch die Nutzung des Internets erfolgten im Vergleich zu bisherigen Medienentwicklungen deutlich schneller.

Literatur

Gillies, James/Robert Cailliau (2002): Die Wiege des Web. Die spannende Geschichte des WWW. Heidelberg.

Hafner, Katie/Matthew Lyon (1997): Arpa Kadabra oder Die Geschichte des Internet. Heidelberg.

3

Ästhetik und Design

Medienästhetische Theorien konstatieren, dass Medieninhalte erst durch ihre Gestaltung ihre spezifische Wirkung erhalten (Schnell 2000). Im bisherigen Verlauf der Medienentwicklung erweiterten technische Innovationen die Darstellungsmöglichkeiten grundlegender Gestaltungselemente wie Sprache, Töne und Bilder. Jeweils neue Medien griffen ästhetische Gestaltungsmittel bisheriger Medien auf und passten sie den eigenen Vermittlungskonventionen an (siehe dazu Bleicher 1999). Auch die Internetästhetik integriert und kombiniert unterschiedliche Traditionslinien der Mediengestaltung. Das Internet fungiert nicht nur »als Tankstelle für Texte und Zeichen« der Printmedien (Ehling 2000, 30), sondern auch für Formen der Bildgestaltung, des Bildaufbaus und der Montage aus Film und Fernsehen und der Soundgestaltung des Radios. Diese Verfahren der Integration und Kombination bilden den typischen Gestaltungsstil des Hybridmediums Internet (Storrer 2002). Die Hybridisierung resultiert in einem umfassenden Zeichenraum mit komplexen Bedeutungsdimensionen und Funktionspotenzialen.

Die historischen Wurzeln der Internetästhetik liegen sowohl im Bereich der künstlerischen Gestaltungsformen wie etwa der Malerei, der Literatur und des Theaters als auch im Bereich der ökonomisch ausgerichteten Gestaltung des Designs von Print- und elektronischen Massenmedien. Auch die Produktions- und Empfangstechnik beeinflusst Gestaltung und Erscheinungsbild. Der Begriff »Interfacedesign« bezeichnet die Gestaltung der Benutzeroberfläche des Bildschirms (Skopec 2004, 7). Nutzer greifen über die auf dem Bildschirm sichtbare Benutzeroberfläche auf die Angebote zurück (Johnson 1999, 15).

Merksatz

Das Zusammenspiel aus technischen Möglichkeiten, Gestaltung und Wirkung bildet eine zentrale Grundlage für die Bedeutungsdimensionen des Internets. Durch vorhandene Unterschiede bildet die Internetästhetik einen wichtigen Faktor der medialen Identität im Kontext der Erscheinungsformen des bestehenden Medienensembles.

Ordnungsmodelle der Internetästhetik

Etablierte Ordnungsmodelle der Mediengestaltung kennzeichnen auch die Internetästhetik. Ausgehend von den Basiseinheiten visueller, sprachlicher und akustischer Zeichen werden Text- und Bildmodule, Webseiten und Onlinewelten gestaltet. Diese Gestaltung orientiert sich an etablierten kulturellen und medialen Vorbildern wie etwa dem Layout der Printmedien, dem Bildaufbau in Plakaten, Film- und Fernsehen und Onlinespielen. Bereits die grundlegende Aufteilung der Webinhalte in Seiten ist eine Parallele zum traditionellen Buch- und Zeitschriftenlayout. Eine Homepage leitet als Titelseite eines Webangebots die Nutzer zu den anderen Webseiten (Untersites oder innere Seiten) weiter. Im Bereich des Webdesigns wird mithilfe der in Film und Werbespots verwendeten Storyboards, die Inhalt und Abläufe grafisch skizzieren, die Verteilung der Inhalte, ihre Gestaltung und ihre Verlinkung geplant (Skopec 2004, 90 f.). Der aus Film- und Fernsehproduktion stammende Begriff »Montage« beschreibt die Organisation visueller Elemente zu einem neuen Gesamtbild (ebd., 60). Die Montage fügt einzelne Elemente zu einem funktionsfähigen Gegenstand zusammen (ebd., 61).

Designkonzepte. Generell dient Mediendesign einer einheitlichen, schnell identifizierbaren, formalen Gestaltung von Inhalten eines Anbieters und der »Herstellung sinnvoller Ordnungen« (Papanek 1972, 17), indem es einen Gesamtzusammenhang der Inhalte suggeriert. Unterschiedliche Gestaltungskonzepte bestimmen das Internetdesign. Webdesigner legen auf Grundlage allgemeiner Gestaltungskonzepte und Zielsetzungen, Design Manuals oder Style Guides das Verhältnis und die jeweilige Gestaltung von Startseite (wie lassen sich die Inhaltsübersichten gestalten, wie soll die Navigation erfolgen) und Unterseiten (Verlinkung untereinander und hierarchischer Aufbau) fest. Homepages und Portale sind durch Navigations- und Funktionsleisten, Links, eigene Suchmaschinen oder optische Symbole wie Logos mit verschiedenen Textmodulen verbunden.

Angelika Storrer unterscheidet Gestaltungsprinzipien wie etwa Kontinuität, Ähnlichkeit, Geschlossenheit und Nähe der Informationseinheiten. Aus ihrer Sicht umfasst die Datenmodellierung im Bereich der Angebotsstruktur des Webdesigns die Bereiche Schnittstellengestaltung (Bildschirmanzeige der Daten) und semantische Datenmodellierung (Erfassung und funktionale Beschreibung der Inhalte) (Storrer 2002, 162). Während die Informationsebene vor allem Texte bereitstellt, ermöglicht die operationale Ebene die Erschließung von Information und Wissen (ebd., 162 f.). Grundlage des spezifischen Internetdesigns sind neben Vorgaben der Software gleichbleibende Ordnungsprinzipien und Darstellungskonventionen der Präsentation wie der Seitenaufbau und seine Rahmenstruktur, Menü- und Funktionsleisten, die Gestaltung der Text- und Bildelemente, die Auswahl und Platzierung von Links und grafischen Symbolen.

Eine Grundlage der Werbefinanzierung von Webseiten bildet die erzielte Nutzeraufmerksamkeit. Sie soll durch spezifische Inhalte, ästhetische Gestaltungsformen und zusätzliche Gratifikationen wie etwa Gewinnspiele errungen werden. Das weitere Nutzungsverhalten steuern Gestaltungselemente wie Inhaltsverzeichnisse, Kapitelüberschriften, Navigationshilfen (Next, Previous, Top) und visuell markierte Hervorhebungen im Text. Die Platzierung dieser Elemente orientiert sich am klassischen Modell der Aufmerksamkeitslenkung von Paratexten wie etwa Inhaltsverzeichnissen oder Kapitelüberschriften in Büchern (Genette 1989).

Webdesigner versuchen verschiedene Nutzertypen wie den gezielt Suchenden, den Rechercheur, den Flaneur oder den Surfer gezielt anzusprechen (Bucher 2001). Franz Josef Röll erfasst die Nutzeradressierung durch auf Wünsche und Interessen ausgerichtete Entwürfe mit dem Begriff der Prosumentenästhetik. »Der ›Kon‹sument wird […] zum ›Pro‹sumenten, da er durch seine bewusste oder unbewusste Quotierung bestimmt, was der Produzent anbietet. Das Internet ist somit gekennzeichnet von einer Prosumentenästhetik« (Röll 2001, 14). Im Unterschied zu traditionellen medialen Gestaltungsformen stellt der Wechsel tradierter *Push-* und interaktiver *Pullkommunikation* im Internet die Designer vor besondere Herausforderungen. Es gilt, Vermarktungsinteressen der Produzenten ebenso zu berücksichtigen wie die vielfältigen Interessen von Nutzern und Communitys. »Participatory design represents a new approach towards computer system design in which the people destined to *use* the system play a critical role in *designing* it« (Silver 2000, 29; Hervorhebung im Original). Der Nutzer ist interaktiv in die Gestaltung integriert und vervollständigt durch seine Bewegungen in Bild und Text die Designkonzepte der Produzenten.

Innerhalb der Softwareangebote vermitteln sogenannte Style Sheets unterschiedliche Gestaltungsvorbilder für das Webseitendesign. Programmsprachen und Software wie HTML, XML, VRML, Composer, Frontpage, Dreamweaver, Java, Flash und Shockwave ermöglichen die Realisierung verschiedener Gestaltungskonzepte. Erst die leichte Handhabbarkeit von HTML führte zur massenhaften Verbreitung der von Nutzern selbst gestalteten Webseiten. Aufwändig gestaltete Dokumente basierten auf der Extensible Markup Language (XML). Dreidimensionale Räume, etwa von Spielen und Onlinewelten, lassen sich durch die Virtual Reality Modeling Language (VRML) gestalten. So finden die Strukturmodelle Hypertext und Cyberspace ihre Entsprechung in flächigen und räumlichen Gestaltungen.

Seitenstruktur. Die Struktur von Webseiten beeinflusst die Informationsvermittlung. So ermöglichen nichtlineare Textangebote die Gewichtungen der Beiträge auszudrücken (Hierarchisierung), das Beitragsangebot zu strukturieren (Ordnungsfunktion), Lektürepfade anzubieten (Kohärenzfunktion), den Nutzer anzusprechen (Anmutung), die Inhalte anschaulich zu vermitteln (Schaufensterfunktion) und das Nutzungsverhalten durch Orientierungsangebote zu steuern (Navigationsfunktion) (Bucher 2002, 159). Dieses Kategoriensystem erfasst verschiedene Nutzungsinteressen, deren Spektrum von der Orientierung bis hin zur Erlebnisdimension reicht.

Webseiten umfassen unterschiedliche Bild- und Textflächen, typographische, fotografische, mediale, illustrative und funktionsorientierte Darstellungselemente (Skopec 2004, 26). Die Webseitentopologie, also das Verhältnis von Bildern, Textrahmen und Interaktionselementen (ebd., 88), basiert auf Konventionen des Computer-Interfacedesigns. Nach dem Vorbild der Printmedien dienen typografische Elemente der Seitenorganisation (Titel, Navigationselemente u.a.) und der Vermittlung von Inhalten (ebd. 2004, 25 ff.).

Es entstanden angebotsspezifische Formen des Seitenlayouts: Viele Suchmaschinen und Portale reihen Textblöcke aneinander und heben einzelne Begriffe grafisch hervor. Zeitungsartikel sind häufig linear angeordnet. Chats erleichtern durch Einrückungen einzelner Zeilen von Gesprächsabläufen die Orientierung der Gesprächspartner. Funktionselemente »ermöglichen das Auslösen von Aktionen, das Bearbeiten von Inhalten und Objekten, das Navigieren durch verschiedene Bildschirmseiten und vieles mehr« (ebd., 55). Sie bilden die ästhetische Basis der interaktiven Nutzung des Internets, indem sie als Zeichen die jeweiligen Nutzungsmöglichkeiten illustrieren.

Formale und inhaltliche Beziehungen verknüpfen Seiten. Die Startseite entspricht in ihrem Erscheinungsbild den folgenden Seiten und bietet eine Übersicht zu verschiedenen Inhalten und Funktionsmöglichkeiten an. Die Seitenstruktur umfasst die Integration von Dachzeilen (Hinweise auf den Urheber der Seiten, Ressortangaben oder Zuordnung des Themas wie etwa Politik, Wirtschaft etc.), von Titeln (kurze Einführung in den Sachverhalt), von Einstiegsabsätzen mit Spannungsbögen, die zum Weiterlesen motivieren sollen, von Zwischenüberschriften im Fließtext, von Grafiken, Bewegtbild-Animationen oder Fotos und von Audioinhalten wie etwa gesprochene Kommentare. Interne Links bilden Verknüpfungen zwischen Webseiten des eigenen Angebots. Externe Links wiederum können auf Textmodule außerhalb des eigenen Angebots verweisen.

Die Webseitengestaltung basiert auf formalen Strukturelementen des Plakatdesigns wie Fläche und Raum. Dabei finden vor allem rechteckige, aber auch quadratische, runde oder ovale Formen der Flächengestaltung Anwendung. Wie auf Plakaten sind Bilder oder Grafiken häufig im Zentrum der Seite platziert. Auch Farbgestaltungen oder Texturen des Bildhintergrundes und Rahmen, die sich wie ein Mosaik über die Seite verteilen, setzen bereits von Plakaten bekannte visuelle Aufmerksamkeitssignale. In Rahmen und Modulen, sind einzelne Wörter oder Wortfolgen etwa durch Unterstreichungen oder einer besondere Farbmarkierung (z.B. in Rot) als optische Bezugspunkte hervorgehoben. Über den Modulinhalt informieren in kleine Rahmen eingebundene Linktitel. Folgende Darstellungsprinzipien bestimmen die modulare Aufbereitung (Meier 1999, 57):

- »Eine Portionierung nach Aktualitätsebenen fragt zunächst nach dem knappen aktuellen Geschehen und geht chronologisch zurück und sachlich in die Tiefe (Beispiel: Nachricht/Webdossier).
- Eine Gliederung nach Akteursebenen stellt die beteiligten Handlungsträger und Betroffenen auf einzelnen Webseiten vor (Beispiel: Nachricht/Webdossier).
- Eine Einteilung nach Perspektiv- und Handlungsebenen bietet ein Thema aus verschiedenen Blickwinkeln an; die einzelnen Seiten werden weniger hierarchisch, sondern mehr untereinander verwoben organisiert (Beispiel: Reportage).
- Eine Portionierung nach Fragen greift das Interesse von Betroffenen auf (Beispiel: Service).«

Der Webseitenaufbau lässt auch den Einfluss architektonischer Grundformen erkennen. Als Säulen angeordnet, strukturieren meistens zwei oder drei Text- oder Bildleisten den visuellen Gesamteindruck einer durch ein Dach und eine Fußleiste geschlossenen Fläche. Im Kopfbereich der Seite sind oft unsichtbar der Seitentitel und Schlagworte platziert, an dem sich einige Suchmaschinen bei ihrer Recherche orientieren. Für Nutzer sichtbar bilden die Navigationsleisten Dächer, Rahmen, Säulen und Fußleisten, Standortinformationen undWebseite Hinweise auf weitere Inhalte. Innerhalb der Navigationsleisten fassen einzelne Stichwörter die vorhandenen Angebote zusammen, geben eine Übersicht über die jeweiligen Artikel oder Serviceangebote und tragen so als Paratexte (Genette 1989) zur Steuerung des Nutzerverhaltens bei. Hans Jürgen Bucher unterscheidet die Überblicks-, Orientierungs-, und Erschließungsleistung der Navigation (Bucher 2000, 164 ff.): Diese Navigationsleistungen passen sich den spezifischen Anforderungen der Netznutzung an. Nutzer betreten die Webseiten nicht immer durch das Portal der Homepage, sondern sie können auf unterschiedlichen Wegen auf eine Webseite gelangen: über Suchmaschinen, ein Lesezeichenverzeichnis oder Links von anderen Seiten (Nielsen 2001, 25).

Das Grundmodell der in unterschiedlichen Säulen strukturierten Webseite differenzierte sich in alternative Formen des Verhältnisses von Fläche, Raum und Text aus. Designer verteilen Schrift räumlich flexibler auf den Seiten oder überlagern Schrift und Bild in Formen, die sich teilweise in ständiger Bewegung befinden und so den Eindruck besonderer Dynamik erzeugen. Formen der Bildüberlagerung kennzeichnen bereits Plakatwände, die immer wieder überklebt werden (vgl. hierzu Beilenhoff/Heller 1995, 37). Webseiten sind hier als mobile Palimpseste, also als Überlagerung unterschiedlicher Schriften und Bilder gestaltet.

Die Gestaltung bewegter Bilder auf Webseiten orientiert sich an ästhetischen Konventionen von Film und Fernsehen. Den Nutzern sind grundlegende Formen der visuellen Vermittlung wie etwa Kameraführung oder die Bildorganisation durch die Montage ebenso vertraut wie Formen des Bildaufbaus. So sind wichtige Bildmotive oder Informationen im Seitenzentrum platziert. Bildrahmen ermöglichen »die Aufteilung des Bildschirms in frei wählbare Segmente. Diese können unterschiedliche Inhalte enthalten« (Röll 2001, 15).

Grafische Gestaltungselemente

Farbimages spielen bei der Webseitengestaltung eine zentrale Rolle. Die Bedeutung von Farben unterscheidet sich in Kulturkreisen. David Skopec verweist darauf, dass beispielsweise die Farbe Grün in Europa für Natur, in arabischen Ländern für den Islam, in Japan für Technologie und in den USA für Anachronismus steht (Skopec 2004, 38). Auch wird die Farbgestaltung unterschiedlich gewertet.

Aus technischer Perspektive ist der Pixel oder Bildpunkt »das kleinste grafische Element eines digitalen Layouts [...] Aus dieser kleinsten Einheit setzt sich alles zusammen, was auf dem Display visualisiert wird« (Skopec 2004, 31). Linien ordnen und grenzen die verschiedenen auf den Webseiten enthaltenen Teilelemente voneinander ab. Es entstehen vielfältige Kombination aus Bildkacheln und Textleisten.

Im Interfacedesign entwickelte visuelle Zeichen wie etwa Ordner, Sanduhren oder Fenster fungieren als Icons. Kulturgeschichtlich etablierte Symbole mit ihrem festgelegten Bedeutungsgehalt ermöglichen es den Nutzern, die jeweils mit den Icons verbundenen Angebote und Nutzungsmöglichkeiten schnell zu identifizieren. Beispielsweise signalisiert ein Einkaufswagen einen möglichen Kaufvorgang. Eine Eieruhr signalisiert den Zeitfaktor. Viele Icons wie Ordner, Drucker, Papiere sind dem Bereich der Arbeitswelt entlehnt.

Sound

Das Internet instrumentalisiert akustische Signale, die sich bereits in anderen Medien etablierten, für unterschiedliche Vermittlungs- und Gestaltungsformen. Aus dem Hörfunk bekannte akustische Jingles und Soundelemente fungieren als Aufmerksamkeitssignale im Bereich der Bannerwerbung. Der Transfer etablierter Aufmerksamkeitssignale erleichtert durch die Bekanntheit der Tonkombinationen die Orientierung. Diese Integration von Soundelementen geht einher mit der Integration von anderen Medienangeboten wie dem Internetradio oder der aus anderen Medien bekannten Jingles von Werbespots. Online abrufbare gesprochene Kommentare oder von Sprechern gelesene Artikel von Printausgaben führen getrennte Vermittlungsformen von Hörfunk und Printjournalismus zusammen. Der Inhalt eines Mediums geht in die Präsentationsform eines anderen Mediums über und wird vom Verbreitungsmedium Internet zur Abrufung bereitgestellt. Musikalische Angebote von Onlineradios begleiten als akustische Klangkulisse die

Onlinenutzung. Mit diesen unterschiedlichen Angeboten und Funktionspotenzialen hat sich der Sound als fester Bestandteil der Netzästhetik etabliert.

Darstellungskomponenten des Textdesigns

Grundlegende Darstellungskomponenten des Textdesigns besitzen verschiedene Reichweiten:

- beitragsinterne Formen des Textdesigns wie Überschriften, Zwischentitel, textimmanente Links;
- modulinterne Formen des Textdesigns, wie Beitragslayout, Kastenlinien, Dachzeilen, Pop-up – Fenster, Thumbnails, die Beitragselemente zu Modulen zusammenfassen;
- beitragsübergreifende Formen des Textdesigns, wie Signets, Leitfarben, Links, Themenlogos, die Beiträge zu Themenblöcken zusammenfassen; sowie
- makrostrukturelle Formen des Textdesigns, die die Kohärenz des Gesamtangebotes sichern. Dazu zählen das Seitenlayout, die Ressorteinteilung, Gliederungsmittel, Inhaltsverzeichnisse, das Navigationssystem, die Sitemap oder der Table-of-Content (ausführlicher dazu vgl. Bucher 1999).

Adressen und die Titel von Homepages signalisieren den Nutzern das jeweilige Themenspektrum und steuern ihre Aufmerksamkeit. Der Aufbau der Inhalte ist von medialen Vorbildern beeinflusst. Journalistischen Strukturprinzipien entsprechend, werden wichtige Informationen nach der allgemeinen Rubrikbezeichnung und einer prägnanten Überschrift in einem kurzen Abschnitt, der auch als Teaser bezeichnet wird (vgl. hierzu Hooffacker 2001), platziert. Der Teaser ist durchaus verwandt mit dem Leadsatz, dem ersten Satz einer Meldung, und dem Leadabsatz, dem ersten Absatz eines Berichts in Printmedien. Unter diesem Teaser oder Leadtext ist entweder ein Link angeordnet, der zu Hintergrundinformationen auf verschiedenen Webseiten führt oder es folgen im selben Text immer detailliertere Inhalte. Die Themenschwerpunkte sind durch Zwischenüberschriften kenntlich gemacht.

Textverknüpfungen erfolgen durch Links. Sie beinhalten Komponenten wie den Linkursprung, das Linkziel und semantische oder funktionale Verknüpfungstypen zwischen Modulen oder bestimmten Textstellen (Storrer 2002). Die Bezüge der Links variieren. So verknüpfen interne Links Module im selben Text oder derselben Website, externe Links hingegen verweisen auf andere Webseiten. Linketiketten können den User über Typ und Art des jeweiligen Verweises informieren. Wörter, Grafiken oder Symbiosen aus Sprache und Bildern markieren Verbindungen zu anderen Texten oder Abbildungen. Symbole des Interfacedesigns zeigen Links grafisch an: Die Lupe signalisiert siteinterne Suchdienste, ein Haus führt zur Eröffnungsseite zurück. Die von Bildern ausgehenden Informationsbezüge erfasst der Begriff »Hotspot-Struktur«. »Der Begriff Hotspot bezeichnet die Möglichkeit, in einem Bild eine weitere Information (meist Grafik, Bild, Text, ein Fenster oder eine weitere Seite) aufzudecken« (Röll 2001, 15). Das Besondere des Hotspots ist es, »dass der User durch Zufall und zufälliges Wandern auf der Bildschirmoberfläche weitere Infos bzw. Etagen (Seiten) aufdeckt. Aus diesem Grunde nenne ich diese Struktur *Etagen-Ästhetik*« (ebd.; Hervorhebung im Original). Die visuelle Information legt sich im Hotspot als Folie über die sprachliche Information. Optisches Design wird zum Bestandteil sprachlicher Information.

Visuelle und sprachliche Gestaltungselemente gehen enge Wechselwirkungen ein, bei der sich unterschiedliche Text-Bild-Beziehungen unterscheiden lassen (Schmitz 2001, 222):

1. Diskrepanz: Text und Bild lenken voneinander ab (in der Regel das Bild vom Text).
2. Neutralität: Text und Bild stehen gleichgültig nebeneinander.
3. Ergänzung: Der Text ergänzt das Bild (oder das Bild den Text) durch zusätzliche Informationen, die in dem anderen Medium nicht ausgedrückt werden (insbesondere nicht werden können).
4. Wechselseitige Erhellung: Text und Bild erläutern einander.

Trotz oder gerade wegen der immer aufwändigeren visuellen Effekte bleibt die Sprache in Form der Schrift von zentraler Bedeutung. Mit unterschiedlichen Gestaltungsformen wie Kontrasten zwischen Schrift und Bildhintergrund, Schriftgröße und -form, Unterstreichung, Schattenbildung oder Schriftbewegungen wird die Optimierung der Informationsvermittlung intendiert.

Der Einfluss von Netzkunst und Computerdesign

Die Netzkunst beeinflusste die Gestaltungsprinzipien des Webdesigns. Im künstlerischen Freiraum entstehen Formensprachen, die das Webdesign in einen Nutzungszusammenhang überführt. So verdeutlichen Experimente innerhalb der Netzkunst standardisierte Grundmuster der Gestaltung. Dazu zählen etwa das Text-Bild-Verhältnis, der Unterteilung der

Seite in Frames mit unterschiedlichen Informationseinheiten, die Gestaltung des Bildhintergrunds und die Bildrahmung.

Das Webdesign basiert auch auf Darstellungsprinzipien des Computerdesigns. Die durch den Computerhersteller Apple eingeführte visuelle Interfacegestaltung erleichterte Laien den Umgang mit Rechnern und setzte den Computer als Massenmedium durch. Hinter Icons verbargen sich die eigentlich programmierten Computerbefehle. Die Icons »übersetzten den alphanumerischen, also aus Buchstaben und Zahlen gebildeten Code aus dem Innern des Rechners in die symbolischen, metasprachlichen Zeichen seiner Außenhaut« (Schnell 2000, 244). Die grafische Oberfläche der Computerbildschirme reduziert die Komplexität der Programme auf visuelle sichtbare Handlungsanweisungen, die der Nutzer durch Klicks aktivieren kann.

Mit dem Verschwinden der Technik hinter die gestaltete Oberfläche steigert sich das Illusionspotenzial des Internets. Brenda Laurel konstatiert eine vollständige Einbeziehung der Nutzer in virtuelle Umgebungen und vergleicht das Interfacedesign mit dem Theater, da es beiden um die Repräsentation von Aktionen gehe (Laurel 1993). Die mit dem Immersionsbegriff beschriebene vollständige Einbeziehung der Nutzer in virtuelle Umgebungen findet vor allem in Spielen und Onlinewelten statt.

Ästhetik der Onlinewerbung

Neben dem Einfluss der Medienkunst auf das Mediendesign bietet vor allem die Gestaltung von Werbung wichtige Impulse. Im Ensemble etablierter Medienangebote bildet die Werbung traditionell die Avantgarde der Darstellungsformen. Webpages verknüpfen auf unterschiedliche Weise Werbung und Information, durch Bildüberlagerungen oder unterschiedliche Werbebanner, die einen visuellen Rahmen für die in der Seitenmitte angeordneten Informationstexte bilden. Pop-ups tauchen als eigene Seite vor der eigentlich aufgerufenen Webseite auf. Im Bereich der Onlinewerbung erregen animierte Links Neugier für das jeweils mit dem Bild verknüpfte Angebot. 3-D-Effekte präsentieren im Bereich des E-Commerce die angebotenen Produkte. Trailer lassen sich innerhalb von Webseiten in eigenen Rahmen auch als Werbeträger für Angebote anderer Medien (Cross-Media-Marketing) wie etwa des Fernsehens nutzen.

In standardisierten Webpages sind Werbebanner mit statischen oder bewegten Bildern als obere Seitenbegrenzung oder als Bildmitte angeordnet, während meistens links ein Inhaltsverzeichnis platziert ist. Vertikal ausgerichtete Skyscraper-Banner können die Bildrahmungen bilden. Bei den Bannern ist die Bildweite und -größe ein entscheidendes Kriterium der Erringung von Aufmerksamkeit: »Size makes Sense«. Die Größen der Werbebanner sind standardisiert, was die Einheitlichkeit der Gestaltung erleichtert.

Einige Banner verknüpfen grafische und animierte Elemente. So bewegen sich Mousemove-Banner parallel zur Maus, Rich-Media-Banner enthalten neben 3-D-Komponenten auch Audio- oder Videoangebote. Nanosite- oder Microsite-Banner bilden eine Miniwebseite mit Interaktionsmöglichkeiten in der gerade aufgerufenen Webseite. Scroll-Leisten werden mit unvollständig gezeigten Bildern kombiniert, um die Nutzer zum Klicken zu animieren. Am rechten Bildschirmrand bewegen sich Freeze-Screenposition-Banner, auch als Sticky Ads bezeichnet, mit der jeweiligen Scrollbewegung und bleiben so immer im Blick der Nutzer. Transaktive Banner bieten ein breites Spektrum an Interaktions- und Konsummöglichkeiten an.

Unterbrecherwerbung verzögert den eigentlichen Rezeptionsvorgang der Seitenlektüre. Das gilt auch für die plötzlich erscheinende Pop-up-Werbung. Sie ist als Fenster im Bild gestaltet, das aber nicht die Seitenrezeption verändert, sondern höchstens von ihr ablenkt. Onlinewerbung passt sich häufig wie ein Chamäleon der allgemeinen Webseitengestaltung an und tarnt sich so als Informations-, Unterhaltungs- oder Serviceangebot. Symbole wie der Pfeil des Computerscrolls dienen der Tarnung. Will man eigentlich die Seite bewegen, so wechselt man per Klick auf das Werbeangebot. Auch gefälschte Fehlermeldungen im Stile von Microsoft-Meldungen fordern den Nutzer zu Reaktionen und damit zum Abrufen der Werbeinhalte heraus.

Webdesign und Nutzung

Das Webdesign orientiert sich an der jeweils angestrebten interaktiven Nutzung und greift auch Gestaltungsprinzipien von Multimediaangeboten auf. So ist im Bereich des E-Commerce die Benutzeroberfläche »[alles] in einem: Marketingmaterial, Ladentheke, Schaufenster, Verkaufspersonal, Kundendienst« (Nielsen 2001, 14). Franz Josef Röll unterscheidet verschiedene Funktionsbereiche der Webästhetik: Die Depotästhetik sei an einer optimalen Unterbringung von Informationen interessiert. Sie bestimme die Gestaltung von Hochschulseiten. Die Informationsästhetik auf den Seiten von Verbänden oder Institutionen arrangiere Inhalte nach gestalterischen Gesichtspunkten, um Inhalte einer breiten Öffentlichkeit zur Verfügung zu stellen. Die Verlautbarungsästhetik etwa von Webauftritten politischer Parteien nutze das Internet als Verbreitung der eigenen Botschaft. Gleichgesinnte sollen sich mit dem Angebot identifizieren können, es werde aber auch versucht, potenzielle Interessenten zu werben. Die Merkantilästhetik, die sich im Bereich des E-Commerce finde, nutze eine maximal zumutbare Affektivierung, um Kunden zu werben und zu binden. Die Selbstdarstellungsästhetik präsentiere Ansichten oder Überzeugungen als Lebensentwürfe. Bei der Unterhaltungsästhetik gehe es um die Erzielung von Spaß und Zeitvertreib. Die Erlebnisästhetik stelle die Aktivierung und Motivierung ins Zentrum. Beispielsweise präsentieren sich Unternehmen als Erlebnislieferanten (Röll 2001, 13 ff.).

Bislang bestimmt die Nutzerperspektive die Bewertung der Webseitengestaltung. Wolfgang Fritz fasste folgende Bewertungskriterien zusammen: Angemessenheit des Umfangs und der Qualität von Darstellung und Inhalt, Zugänglichkeit, Nutzerfreundlichkeit und Personalisierung der Information, Interaktionsmöglichkeiten (Fritz 2001, 144). Dieser Kriterienkatalog wird von ökonomischen Interessen dominiert, andere Interessen würden andere Bewertungskriterien zur Folge haben. Jedoch bleibt die zentrale Rolle der Gestaltung für die Wirkung der Onlineangebote festzuhalten.

Metamorphosen des Netzdesigns

Es lassen sich verschiedene Phasen des Webdesigns unterscheiden. Zunächst versuchten die Webdesigner durch traditionelle Formen des Mediendesigns die Aufmerksamkeit zu steuern. So war die Präsentation des Onlineauftritts von Tages- und Wochenzeitungen zunächst an das Erscheinungsbild der »Printmütter« geknüpft. Erst schrittweise passte sich das Webdesign mit einer stärkeren Aufteilung der Inhalte in einzelne Textmodule der spezifischen Angebots- und Nutzungsstruktur des Internets an. Den Prozess zunehmender Anpassung des Designs an Nutzerinteressen erfasst der Begriff »usability«. Das am Prinzip Usability ausgerichtete Design zielt auf einen übersichtlichen und einfachen Umgang mit den jeweiligen Angeboten einer Webseite (Nielsen 2001).

Mittlerweile löst sich die Internetnutzung vom Computer als Empfangsgerät, was auch zu Veränderungen des Usability-Designs führte. Mit der zunehmenden Mobilisierung der Internetnutzung durch neue Empfangsgeräte wie dem Handy oder den Personal Digital Assistent (PDA) passt sich das Webdesign u.a. durch Veränderungen der Schriftgrößen dem Empfang auf kleinen Bildschirmen an. Die Mobilisierung der Empfangsgeräte resultiert in Veränderungen der Oberflächengestaltung.

Auch die Entwicklung zum Social Web veränderte bestehende Gestaltungsformen zugunsten eines interaktiven Umgangs mit bestehenden Bildmaterial. »As Jay David Bolter and Richard Grusin discuss in their book Remediation: Understanding New Media, remediation is the process of reusing or reworking material from one media in a different media. Furthermore, in the process of doing so new meaning is generated. They write, ›with reuse comes necessary redefinition, but there may be no conscious interplay between media. The interplay happens, if at all, only for the reader or viewer who happens to know both versions and can compare them (Bolter/Grusin 1999, 45)‹« (Rizzo 2009, 7). Mit ihren vielfältigen Erscheinungsformen schließen Remediation-Verfahren an Erscheinungsformen der bisherigen Samplingkultur an. Dazu zählen neben Bereichen populärer elektronischer Musik auch Tendenzen in der zeitgenössischen Literatur, wie etwa die Romane von Thomas Meinecke. Uricchio betont die Anlehnung an grundlegenden Kompositionsformen von Montage und Collage, verweist aber auch auf den unterschiedlichen Umgang mit der Zeit. »Like the difference between collage and montage, a similar principle (the compositing of differently sourced artefacts) works to a very different effect along a durational axis. Collage in which the visual elements from various provenances and with different histories are uprooted and combined inFilmästhetik a new composition, is certainly a radical recombinatory act. The resulting whole is greater than the sum of its parts and many collages exploit the dissonance of source, materiality and referenced temporality to great effect. But montage, the durational assemblage of divergent materials, relies upon sequence and ever-changing context for its effect« (Uricchio 2009, 33).

Innerhalb der Onlinefilme erleben Darstellungsprinzipien der frühen Filmästhetik wie etwa das Cinema of Attraction ihre Renaissance. Teresa Rizzo konstatiert in einer komparatistischen Studie: »Tom Gunning has described cinema prior to 1906 as a cinema of attractions (Gunning 1990, 56). According to Gunning unlike contemporary narrative cinema, which solicits a voyeuristic spectatorial gaze, early cinema is an exhibitionist cinema where the spectator is overtly acknowledged and invited to look. As Gunning puts it, ›it is the direct address of the audience, in which an attraction is offered to the spectator by a cinema showman, that defines this approach to film making‹ (Gunning 1990, 58). It was a cinema based on spectacle, shock and sensation. Today many of the clips on video-sharing sites like Youtube bear a remarkable similarity to these early films. They too address the audience directly, are exhibitionist and are frequently sensational and shocking« (Rizzo 2009, 1). In der Kombination von Bildwelten unterschiedlicher medialer Herkunft sehen Bolter und Grusin eine ästhetische Besonderheit der digitalen Kultur (Bolter/Grusin 2009).

Literatur

Nielsen, Jakob (2001): Designing Web Usability + Homepage Usability. (Doppelband) Frankfurt am Main.
Schnell, Ralf (2000): Medienästhetik. Zu Geschichte und Theorie audiovisueller Wahrnehmungsformen. Stuttgart.
Skopec, David (2004): Layout digital. Reinbek.

4

Ordnungsmodelle

Medienwissenschaftliche Untersuchungen zu den medialen Charakteristika von Hörfunk und Fernsehen beschrieben die Ordnungsmodelle in enger Wechselwirkung mit den jeweiligen Medientechniken. Die Möglichkeit von Radio und Fernsehen, zeitgleich zwischen Sender und Empfänger Angebote zu vermitteln, führte zu Angebotsmodellen, die sich dem linearen Zeitverlauf anpassten. Beim Internet ermöglicht die technische Struktur der weltweiten Vernetzung von Servern mit umfassenden Datenspeichern die große Bandbreite von Angeboten, Kommunikations- und Nutzungsmöglichkeiten. Diese Komplexität stellt besondere Anforderungen an die Organisation von Inhalten und Diensten. Es gilt die Auffindbarkeit der Inhalte ebenso zu gewährleisten wie die Nutzungssteuerung, die Kommunikation, die Bewertungs- und Kommentierungsmöglichkeiten.

Bordewijk und Kaam schlagen ein eigenes Kategoriensystem vor, dass die spezifische Verknüpfung von Informationsvermittlung und interaktivem Nutzungsverhalten des Internets erfasst (Bordewijk/Kaam 2003). Die Allokation beschreibt die traditionelle Form der zentralisierten Informationsvermittlung an eine disperse Gruppe von Rezipienten. Die Kategorie *Konsultation* beschreibt die zentralisierte Bereitstellung von Information, die jedoch themenspezifisch und zeitunabhängig individuell rezipiert werden. Bei der *Registrierung* werden zwar die Inhalte von der Peripherie produziert, jedoch sind sowohl die Themen als auch die Zeitpunkte der Nutzung determiniert. *Konversation* erfasst den an traditionelle Kommunikation angelehnten individuellen Austausch von Informationen. Ein Kernproblem dieses Modells liegt in der Identifizierung von Zentrum und Peripherie (Röhle 2009, 13 f.).

Der Einfluss etablierter medialer Ordnungsmodelle

Unterschiedliche Ordnungsmodelle beeinflussen die Themenschwerpunkte der Vermittlung und die Struktur der medialen Angebotsflächen.

Mit dem Ordnungsmodell des Filters lässt sich die Selektion der Inhalte etwa durch Redaktionen beschreiben. Dieser redaktionelle Einfluss wurde mit dem Begriff des »Gatekeepers« untersucht (Robinson 1973). Durch Redaktionen ausgewählte Beiträge der Printmedien sind in thematische Rubriken unterteilt, thematische und formale Spezialisierungen von Genres und Programmformen kennzeichnen die zeitlich basierten Programmmodelle von Film, Hörfunk und Fernsehen. Hier finden sich auch übergeordnete Programmsparten wie Unterhaltung, Dokumentation, Nachrichten etc., die die unterschiedlichen Genres zusammenfassen.

Ein kulturhistorischer Vorläufer dieser medialen Ordnungsmodelle ist das Theaterprogramm. Das im Bereich der Programmplanung des Theaters vorherrschende Prinzip der thematischen Auswahl, zeitlicher Planung und der Ankündigung von Angeboten kennzeichnet die Ordnungsmodelle elektronischer Massenmedien. Es findet sich beispielsweise als zentrales Ordnungsprinzip in der saisonal unterschiedlichen Planung des US-Fernsehens ebenso wieder wie im Bereich des Internets. So vermittelten in der Frühphase der Netzangebotsentwicklungen in den 1980er Jahren »electronic bulletin boards« (BBS) eine Auflistung vorhandener Angebote und neuester themenbezogener Nachrichten.

Unterschiedliche etablierte kulturelle und mediale Ordnungsmodelle beeinflussen die Struktur der Onlineangebote. So findet sich die thematische Struktur der Rubriken von Tageszeitungen beispielsweise auch in den Angeboten des Onlinejournalismus. Themen beeinflussen auch die Indizierungen der Kataloge und Suchmaschinen. Genrebezeichnungen und Motive aus Film und Fernsehen strukturieren die Angebote von Plattformen wie Youtube.

Die spezifische interaktive Nutzung des Netzes erfordert Navigationsmodelle für die Steuerung des Nutzerverhaltens. Etablierte mediale Ordnungsmodelle werden mit Formen der Nutzerlenkung verknüpft. Das Internetfernsehen passt etablierte Ordnungsmodelle seinem Dispositiv (u.a. das technische Prinzip der Daten-Paketvermittlung und die interaktive Nutzung) an und verändert so traditionelle Programm- und Sendungsstrukturen. Sowohl das Ordnungsprinzip Programm und das Ordnungsprinzip Sendung lösen sich im Internet in Segmente auf. Mit der Loslösung von bisherigen zeitlichen Bindungen wird aus dem traditionellen Fluss des Fernsehprogramms in den Videotauschbörsen eine Plattform mit mosaikartig sortierten Bildkacheln aus Sendungsfragmenten.

Die Netzstruktur

Die technische Vernetzung zwischen Computern ist die Grundstruktur der Angebote des Internets. Die Netzstruktur ist als besondere Form der Verknüpfung in unterschiedlichen theoretischen Zusammenhängen erfasst worden. So sah Gilles Deleuze im Rhizom das Grundmodell der Vernetzung. Sabine Fabo konstatiert: »Im Modell des Netzes materialisiert sich das konnektionistische Denken. Biologische und evolutionäre Theorien werden mit informationstheoretischen Ansätzen gekoppelt, meist mit dem vordergründigen Ziel, das Internet als Realisation eines globalen Gehirns zu etablieren« (Fabo 2000).

Die Metapher des globalen Gehirns orientiert sich an der Medientheorie McLuhans, der die Medien als technische Erweiterung der menschlichen Sinne beschreibt. Auch Roy Ascott nutzt zur Beschreibung des World Wide Web die Metapher des globalen Gehirns, ergänzt sie aber um den Aspekt der globalen Raumerweiterung plus der Beschleunigung, der Aktualisierung von Information. »Das Nervensystem des elektronischen Zeitalters wird sich nicht mehr auf den langsamen und von Missverständnissen bedrohten Prozess der gesprochenen und geschriebenen Kommunikation verlassen, sondern Informationen sofort und direkt übermitteln, speichern und verarbeiten, und dies ohne Verlust oder Minderung des Informationsgehalts. Ein derart intelligentes Netz, das den ganzen Globus umspannt, könnte man als ›Global Brain‹, globales Gehirn, bezeichnen. Das Medium, das am besten geeignet scheint, ein solches dem Gehirn ähnliches, intelligentes Netz zu realisieren, ist das World Wide Web« (Ascott 1997).

Harold Bloom hingegen wertet das Netz als Grundform des Seins schlechthin auf und setzt den Schwerpunkt auf die Gedächtnis-, die Archivfunktion: »Denn alles, was lebt und jemals gelebt hat, ist Teil eines kollektiven Gehirns, eines sich so weit wie möglich ausdehnenden neuronalen Netzes, eines von der Evolution bestimmten, weltweiten und viele Milliarden Jahre alten artenübergreifenden Geistes« (Bloom 2000).

Die Netzstruktur bestimmt in der historischen Entwicklung nicht allein die Struktur des Verkehrswesens, sie kennzeichnet auch die Struktur unterschiedlicher Formen medialer Kommunikation. Martin Burckhardt bezeichnet die heutigen Netze als »Filiationen jener Raumstruktur, wie sie im telegraphischen Raum des 19. Jahrhunderts erst mal Gestalt angenommen hat« (Burckhardt 1994). Im Laufe des 19. Jahrhunderts bildeten sich immer dichtere Netze der Telegrafie und Telefonie. »[...] Vernetzte Telefone oder Computer gleichen hingegen individuellen Verkehrsmitteln, die nicht zentral organisiert sind, auch wenn bestimmte Regeln einzuhalten und Standards vorgegeben sind« (Rötzer 1995, 79).

Um auf der Angebotsebene die Vernetzung von Inhalten zu ermöglichen und die Navigation zu erleichtern, bildeten sich spezifische Ordnungsmodelle heraus. Der Hypertext, in dem Inhalte durch Wörter oder Abbildungen verknüpft sind, löst sich von der klassisch linearen Aufbereitung von Informationen. Die Angebotskomplexität des Internets umfasst neben textbasierten Strukturen (Hypertext) auch räumliche Modelle (Cyberspace, Plattform) und beinhaltet spezifische Instrumente der Komplexitätsreduktion.

Raummodelle: Cyberspace, Portal, Plattform

Kulturhistorisch etablierte räumliche Beschreibungsverfahren wie etwa die Kartografie oder die Architektur, zeigen Analogien zwischen dem Angebotsspektrum des Internets und Raumstrukturen von Shopping-Malls, Bibliotheken und Freizeitparks. Die Vielzahl der Internetangebote erfasst das abstrakte Raummodell des Cyberspace. William Ford Gibson erfand diesen Begriff in seinem Science-Fiction-Roman »Neuromancer« (1984). In seiner technischen Definition ist der Cyberspace »der zusammengeschaltete ›Raum‹ des globalen Computernetzes« (Wertheim 2000, 243), der sich durch kontinuierliche Erschaffungsprozesse bildet. Es entsteht eine aus vielen Einzelstücken zusammengesetzte virtuelle Gegenwelt zur körperlich erfahrbaren Wirklichkeit. Die Gestaltung der virtuellen Räume orientiert sich an realen Räumen. Im Verlauf der Internetentwicklung erweiterten sich unterschiedliche Raumgestaltungen: Das virtuelle Büro wurde zum Supermarkt, der sich zur virtuellen Stadt erweiterte, die schließlich zu einem Teil der Parallelwelt von »Second Life« wurde.

Architektonische Ordnungsmodelle wie die Stadt illustrieren das Wechselverhältnis aus Angebots-, Service- und Nutzungsstruktur im Cyberspace (Rötzer 1995, Winkler 1997). Städte unterteilen sich in Bewegungsrichtungen organisierter (Verkehrssystem, öffentlicher Transport) und nicht organisierter Verkehrswege (individuelle Raumbewegungen). Im Internet existieren durch Suchmaschinen erfasste, redaktionell betreute und nicht organisierte Nutzungsangebote (individuelle, nicht von den Suchmaschinen erfasste Webseiten).

Nutzer übernehmen bestehende Orientierungsangebote, um sich gezielt in virtuellen Räumen zu bewegen. So dient die Adresse parallel zur menschlichen Lebenswelt als Instrument der Angebotskennzeichnung. Innerhalb des Cyberspace fungieren den Paratexten vergleichbare Raumelemente als Orientierungsangebote. Beispielsweise informieren Portale als Eingangsbereich für die Netznutzung über Inhalte oder Dienstleistungen und fungieren als Eingangsbereich in Informations-, Konsum- oder Unterhaltungsangebote und Kommunikationsräume. Wie in der Kirchenarchitektur das aufwendig gestaltete Eingangsportal den Zugang zu den geweihten Hallen gewährt, so führen auch die Internetportale über eine Vielzahl von Links zu verschiedenen Informations-, Unterhaltungs-, Service- und Konsumangeboten.

Das Sprachbild »Plattform« löst sich von klassischen Transportmetaphern der medialen Vermittlung. Es impliziert, dass ein Angebot bereitgestellt wird, seine Produktion und Nutzung jedoch in völlig unterschiedlichen Zusammenhängen erfolgen kann. Plattformen zielen auf die interaktive Nutzung, die der Begriff Pull-Kommunikation beschreibt. Dabei ist eine Abkehr von dem Pullprinzip des traditionellen Broadcasting, also der zeitgleichen Übermittlung von Ereignissen an disperse Publika in Radio und Fernsehen, erkennbar. Orientierungsangebote des Fernsehens und Steuerungsmodelle des Internets werden auf der Einstiegsseite von Youtube kombiniert:

> »Youtube has established the default mode of presentation. While layouts and surface functionality may differ from other, similar websites (such as former rival, present owner Google Video), the underlying functionality and assumptions are, to a large extent, the same for all. Typically, these pages offer two entrances to the collection. The first is an entrance selected by the system, showing lists of videos organized by status (›most popular‹) or chronology (›most recent‹). The second entrance is the search box, with which the user starts a key word search of the collection, thus an entrance selected by the user. A third possible entry point is of course a direct link to a specific video. In all three cases it should be noted that these are indeed starting points. As we have seen, the fact that one film leads to numerous others is inscribed into the system of these collections« (Broeren 2009, S. 163).

Auch Ereignisse von öffentlichem Interesse und Ereignisse aus dem privaten Lebensumfeld sind auf Plattformen wie Twitters oder Youtube für jeden Nutzer individuell abrufbar.

Kommunikations-, Interaktions-, Konsum-, Simulations-, Kultur- und Spielraum

In Kommunikationsräumen können sich Menschen von raumzeitlichen Begrenzungen, u.a. der Körperpräsenz des persönlichen Gesprächs, lösen. Formen der Individualkommunikation wie E-Mails oder Chats bilden Schwerpunkte der Netznutzung. Die globale Präsenz potenzieller Kommunikationspartner führte »zur Ausbildung eines kommunikativen Raumes [...], der neue Formen der weltweiten Kommunikation ermöglicht« (Thimm 2000, 8). Doch haben die Kommunikationsformen des Netzes unterschiedliche Reichweiten. »Der Sozialraum von Mailinglisten ist durch die Teilnehmerliste definiert und abgeschlossen, während Newsgroups weit offener sind und das Teilnehmeruniversum nicht ohne Weiteres über die aktiven Beiträge hinaus bestimmbar ist« (Stegbauer 2000, 19). Der Kommunikationsraum Internet ermöglicht unabhängig von bestehenden Raumbegrenzungen der »realen« Welt sowohl Formen zwischenmenschlicher Kommunikation als auch den Austausch zwischen Gruppen (Barlow 1995). Das Modell des Kommunikationsraums impliziert die Sichtweise von wechselnden Kommunikationsrollen zwischen Kommunikatoren und Rezipienten. Dabei können sich soziale Gruppen unabhängig von real existierenden Raumgrenzen zusammenfinden, was sich in der wachsenden Zahl internationaler Business-Clubs und anderer sozialer Netzwerke im Internet niederschlägt.

Neben dem Kommunikationsraum beschreiben weitere Raummodelle interaktive Nutzungsmöglichkeiten. Der Nutzer »durchschreitet« Portale, die auf verschiedene Informations-, Unterhaltungs-, Service- und Konsumangebote verweisen. So zeigen virtuelle Shopping-Malls eine Reihung von Räumen, in denen Waren zum Verkauf angeboten werden. Virtuelle Welten wie Second Life enthalten in Häusern und Plätzen unterschiedliche Erlebnis-, Konsum- und Informationsangebote. Diese im Cyberspace kombinierten Räume unterliegen, wie ihre realen Vorbilder, etablierten Vermarktungsformen. Es kostet mehr »(an Hotelkosten oder Büromieten zum Beispiel) an Orten präsent zu sein, wo viele Leute sein wollen, als an Orten, wo weniger Leute sein wollen« (Mitchell 1997, 15). Der Cyberspace nimmt Züge eines globalen Marktplatzes an. So haben sich in Second Life eigene Märkte entwickelt, in denen nicht nur Kleidung, sondern auch Medienprodukte käuflich erworben werden können.

Innerhalb bestehender Medienangebote stellte das Genre des Science-Fiction seinen Rezipienten virtuelle Weltentwürfe vor. Aus der Perspektive von Medientheoretikern wie S.J. Schmidt konstruieren Medien für

Gesellschaften verbindliche Wirklichkeitsmodelle. Der Cyberspace umfasst Wirklichkeitsmodelle für verschiedene soziale Gemeinschaften. Diverse Teilöffentlichkeiten bilden sich durch Kommunikation. Chatrooms fungieren als Räume sozialer Begegnungen, die bisherige Raumgrenzen der direkten Interaktion aufheben. Auf Grundlage gemeinsamer Interessen bilden sich Kommunikationsgemeinschaften mit eigenen Konzepten und Idealen: »Die virtuellen Welten werden immer mehr zum Testraum für die realen Welten« (Faßler 1999, 68). So lassen sich im Cyberspace beispielsweise Ideale der Public-Sphere als funktionsfähigem gesellschaftlichem Kommunikationsraum realisieren (Gauntlett 2000, 16). Vergleichbar den gesellschaftlichen Entwicklungen haben sich auch die Communitys in unterschiedliche soziale Netzwerke ausdifferenziert. Studierende tauschen sich in StudiVZ über ihre Erfahrungen aus, Unternehmer bilden in XING eigene Netzwerke. Communitys bilden eigene gesellschaftliche Teilöffentlichkeiten.

Die Vielfalt der Text- und Bildverbindungen bildet die formale Grundlage der Komplexität von Kulturräumen. Sie enthält die Zusammenführung unterschiedlicher kultureller Angebote (Hyperliteratur, Netztheater, -musik, -kunst) und virtuelle Lebensräume medialer Subkulturen wie etwa Spiel- und Fangemeinschaften. Sowohl bei den Medienangeboten als auch im Bereich Literatur, Theater und bildender Kunst lösen sich bisherige Polaritäten von Künstlern und Nutzern auf.

Spielräume ermöglichen simulierte Konfrontation und Kommunikation. Hier schwinden die Grenzen von Literatur, Theater, Film und Spiel. Onlinespiele entwerfen »eine synthetische Welt, in der sich Spielerinnen und Spieler zurechtfinden wollen« (Krotz 2002, 25). Die Erzählwelten der Onlinespiele orientieren sich nicht nur an dem Genrespektrum von Kino und Fernsehen, sondern auch an der Lebenswelt der Nutzer. So beinhaltet das Simulationsspiel SIMS neben einer realistisch wirkenden Lebenswelt eine Vielzahl sozialer Kommunikationsmöglichkeiten. Die virtuelle Spielwelt spiegelt in SIMS die Lebenswelt ihrer Spieler.

Onlinespielen wie MUDs beinhalten eine Vielzahl unterschiedlicher Spielräume, die Spieler aus unterschiedlichen Ländern »bewohnen«. Die Abkürzung MUD umfasst unterschiedliche Bedeutungen wie Multiple User Dimension, Multi-User-Dimension, Multiple User Dungeon, Multiple User Dialogue. In diese künstlichen Welten können sich User einloggen, um dort mit vorhandenen Figuren zu interagieren und diverse Anforderungen strategischer, kommunikativer oder kämpferischer Art zu erfüllen. Onlinespiele setzen sich aus Elementen verschiedener Genres wie Abenteuer-, Science Fiction-, Strategie- und Kampfspiele zusammen.

In vielen Spielräumen gestalten sich Spieler ihre virtuelle Identität, etwa als Krieger oder Magier, selbst. Diese Kunstfiguren werden als Avatare bezeichnet. Je nach Verweildauer im Spiel verändern sich Anforderungen und Aufstiegsmöglichkeiten in den sozialen Spielgemeinschaften. Es ist notwendig, Erfahrungen zu sammeln, um im Spiel weiter zu kommen und eine höhere Hierarchiestufe zu erreichen. In Strategiespielen kann der Spieler als Diktator oder allmächtiger Schöpfer fungieren, dabei virtuelle Körperhüllen mit Leben füllen aber auch Gruppen von Lebewesen beherrschen. Die verschiedenen Hierarchien der Spielfiguren können unterschiedliche gesellschaftliche Hierarchieformen widerspiegeln. Diese Vielzahl unterschiedlicher Avatar- und Spielertypen zeugt vom spezifischen Charakter der Online-Spielräume als »fully bodied space« (Bukatman 1993, 223).

Textorientierte Ordnungsmodelle: Hypertext

Der Text bildet ein etabliertes Modell für die Beschreibung von Angebotskomplexität und Bedeutungszusammenhängen. Das Hypertextmodell erfasst Vernetzungsstrukturen des Internets. Ted Nelson prägte 1965 den Hypertextbegriff für Formen des »nicht sequenziellen Schreibens«. Wie Vannevar Bush in seinem Konzept des elektronischen Schreibtischs Memex sah Nelson einen Bezug zur nicht sequentiellen Struktur menschlichen Denkens, da Pfade unterschiedliche Textangebote wie Assoziationen verbinden. Unterpunkte müssen nicht mehr linear im Text präsent sein, sie lassen sich auf Wunsch via Link aufrufen. Statt des Zitats gibt es nun im Rahmen der Vernetzung unterschiedliche Möglichkeiten, ganze Texte zu einem Themengebiet miteinander zu verzahnen. Traditionell lineare Textstrukturen, die Inhalte nach unterschiedlichen Relevanzkriterien nacheinander anordnen, werden durch Module ersetzt, die sich auch unabhängig voneinander lesen lassen. Hypertexte bilden einen nicht linearen Textaufbau, der an unterschiedlichen Punkten (farblich hervorgehobenen Worten, Grafiken, Fotos oder bewegten Bildern) mit anderen Informationsangeboten verbunden wird.

Das Hypertextmodell kennzeichnet spezifische Ordnungsstrukturen wie nicht lineare Formen der Texthierarchie und Vernetzungen unterschiedlicher Texte. Hypertexte mobilisieren die Lektüre, indem sie den User durch ihre Verlinkung von einem Textangebot zum nächsten weiterleiten. Je nach vorhandenem Interesse verläuft die Lektüre anders. Es bilden sich Pfade als thematische oder assoziative Gedankenverbindungen zwischen unterschiedlichen Textangeboten.

Im Verlauf der technischen Entwicklung erweiterte sich die Angebotsverknüpfung neben Texten auch auf Bild- und Tonelemente. Die gemeinsame Nutzung unterschiedlicher Dokumenttypen wie Töne, Grafiken, Fotos und Bewegtbilder wird als »Hypermedia« bezeichnet. Die Verknüpfung erfolgt durch elektronische Verweise, »die dem Leser/Nutzer dieses elektronischen Textes den einfachen und unmittelbaren Zugriff auf die verknüpfte Informationseinheit erlauben« (Kammer 2003). Je nach vorhandenem Interesse verläuft die Lektüre anders. Bei »Guided Tours« können Nutzer vorgegebenen Lektürepfaden folgen. Browsen und Surfen sind nicht zielgerichtete, sondern spielerische Wechsel zwischen unterschiedlichen Seiten. Die gezielte Lektüre von Textelementen erfolgt über Verweise von Suchmaschinen oder sprachliche und thematische Links. Angesichts der Angebotskomplexität können Nutzer trotz vorhandener Orientierungs- und Navigationsangebote nur einen Bruchteil möglicher Inhalte identifizieren und erreichen.

Orientierungsangebote im Internet

Diese Angebotskomplexität des Internets wird durch eine Kette unterschiedlicher Filter reduziert. Bereits auf der grundlegenden Ebene der technischen Vermittlung fungiert der Computer als Datenfilter, der für die Nutzung relevante digitale Informationen auf der Bildschirmoberfläche als Text oder Bild darstellt. Als Filter für die Vielfalt der Netzangebote nutzen Anbieter etablierte Programmstrukturmodelle. Steven Johnson verweist darauf, dass »die Gestaltung von Fernsehprogrammen in der Vergangenheit die Datenfilter von heute vorweggenommen hat« (Johnson 1999, 17). So setzen Internetportale diese medialen Ordnungsmuster fort, indem sie das Spektrum der angebotenen Inhalte und ihre Struktur bestimmen.

Suchmaschinen fungieren als Filter für die gezielte Suche nach bestimmten Inhalten, Bildern oder Dienstleistungen. Einige Provider beliefern Nutzer nach dem Daily-News-Prinzip, auch Daily Me genannt, mit aktuellen themenspezifischen Webseiten, die ihren individuellen Interessenprofilen entsprechen. Auf themenspezifischen Seiten ermöglichen Linklisten die interaktive, themenkonzentrierte Informationssuche. So genannte Supersites klassifizieren und kommentieren Webseiten zu einem bestimmten Themenkomplex (Nielsen 2001, 70).

Suchmaschinen. Mit der Zunahme von Webseiten potenzierte sich die Zahl der Nutzungsmöglichkeiten.

So steigt auch die Nachfrage nach einem gezielten Zugriff auf themenspezifische Informationen immer weiter. Als Selektionshilfe und Steuerungsfaktoren der Netznutzung sind Suchmaschinen und betreute Kataloge entscheidend. Durch die Aus- und Eingrenzung von Informationen übernehmen sie die Gatekeeper-Funktion, die in traditionellen Medien die Redaktionen innehaben: Sie wählen die für die Publikationen wichtigen Nachrichten aus der Vielzahl von vorhandenen Agenturmeldungen aus und verhindern die Verbreitung anderer, aus ihrer Sicht unwichtiger Meldungen. Suchmaschinen schaffen die Verbindungen der global verfügbaren Texteinheiten des Internets und bilden so das Inhaltsverzeichnis des globalen Speichers.

Generell lassen sich zwei grundlegende Formen des Suchvorgangs unterscheiden:

1. der Suchvorgang, mit dem Volltextsuchmaschinen Webseiten in ihre Datenbank aufnehmen;
2. der Suchvorgang der User, bei dem diese Datenbanken nach bestimmten Begriffen auswerten.

Daraus lassen sich weiter eine Vielzahl unterschiedlicher Ordnungssysteme und Suchtechniken ableiten:

1. Als Katalog strukturierte Suchsysteme, die auf einem System vordefinierter und hierarchisch strukturierter Schlagworte basieren. Der Nutzer muss innerhalb der Kataloge erst das für ihn geeignete Schlagwort suchen. Yahoo hat ein eigenes Kategoriensystem (»the ontology«) entwickelt, dem neue Webseiten von Redakteuren systematisch zugeordnet werden. Die Unendlichkeit des Netzes wird auf eine endliche Zahl von Kategorien reduziert.
2. Als Index strukturierte Suchmaschinen operieren ohne ein vordefiniertes Ordnungssystem und ohne menschliche Codierer. Das Internet wird durch eine spezifische Software (Crawler oder Robots) nach neuen Seiten durchsucht. Google ist derzeit die gebräuchlichste Suchmaschine dieser Art. Als Kriterien für das Ranking der Suchergebnisse lassen sich Anzahl oder Häufigkeit der gefundenen Suchwörter, die Position der Suchwörter, deren Abstand im Text und die Häufigkeit der Verlinkung der Webseite unterscheiden.
3. »Excite« oder »Smart« arbeiten nach einem semantischen Modell und untersuchen den Kontext, in dem die jeweiligen Begriffe auftreten. Synonyme, Homonyme und Worte desselben Wortstammes werden in ein Wortfeld gesetzt. Gesucht wird nach einer gemeinsamen Bedeutung. Excite ermittelt die Kontextsuche rein statistisch. Je öfter beim

Indexieren von Webseiten Begriffe zusammen auftauchen, desto leichter lassen sie sich einem Thema oder Bedeutungsfeld zuordnen.

4. Metasuchmaschinen wie metaspinner.de durchsuchen mehrere Suchdienste gleichzeitig und zeigen die Anzahl der dort ermittelten Webseiten an. Den Nutzern vermitteln sie so die jeweils besonders geeignete Suchmaschine.
5. Cookies suchen nicht im Interesse der Nutzer, sondern im Interesse des jeweiligen Unternehmens nach Angeboten in der Produktpalette, die dem bisherigen Konsumverhalten des Nutzers entsprechen.
6. Agenten bezeichnen elektronische Programme, die selbstständig nach den vorhandenen Interessen der Nutzer Informationen suchen.

Spider, Crawler und Robots sind Programme, die für Volltextsuchmaschinen (Google, Altavista, Infoseek) Quellen und Links erkennen, identifizieren und indizieren. Häufig wird allein nach der Übereinstimmung des Suchbegriffs mit Wörtern einer Seite das Ergebnis ausgewiesen. Komplexe Themen, die sich nicht in Schlagworte untergliedern lassen, sind über Suchmaschinen kaum recherchierbar. Bibliothekskataloge und Indexe als traditionelle Speicher- und Strukturierungsformen komplexer Wissensbestände bilden Vorbilder für die Ordnungsmodelle der Suchmaschinen und der Kataloge wie Yahoo. Volltextsuchmaschinen fragen nach der Eingabe des Suchstichworts nicht unmittelbar das Web, sondern vielmehr ihre eigene interne Datenbank ab. Suchmaschinen erweitern ihr Potenzial, indem sie diese Traditionslinien der Recherche kombinieren und so erweiterte Suchmöglichkeiten anbieten. Softwareprogramme versuchen, die Suchvorgänge weiter zu optimieren. Gerade beim Spidering oder Crawling als Verfahren der Indexierung von Informationen verändern sich die Suchrichtungen, um mehr Informationen sammeln zu können. Die sachbezogene Suche ist ebenso möglich wie die personenbezogene Suche.

Suchergebnisse werden in einer Reihung von Adressen, kombiniert mit Stichwörtern, vermittelt. Die Angebotsseiten der Suchmaschinen unterteilen sich in den Rasterrahmen für die individuelle Sucheingabe, Buttons, mit denen sich der Suchvorgang einleiten lässt, und Kategorienlisten. Diese gliedern sich wiederum in Themenverzeichnisse. Die Suchergebnisse werden in Rankinglisten präsentiert, folgen in ihrer Anordnung also einem hierarchischen Modell. Rankinglisten enthalten den Link, der den direkten Zugang zur jeweiligen Webseite ermöglicht und die Adresse des jeweils ermittelten Angebots. Einige Suchmaschinen vermitteln ihre Suchergebnisse auch in ausdifferenzierten, komplizierten Formen. Um die Interaktion mit diesen speziellen Suchprogrammen zu erleichtern, treten Avatare als virtuelle Ansprechpartner des Nutzers auf. Diese Avatare vermitteln nicht nur Informationen, sondern beraten auch bereits bei dem Umgang mit dem Programm.

Die Ergebnisse von Suchmaschinen sind problematisch, weil die Suchkriterien häufig ebenso unklar bleiben wie die genauen Anforderungen an die Formulierung der Suche. War das Problem in der riesigen Universalbibliothek des argentinischen Schriftstellers Jorge Luis Borges noch der Archivar, der den Zugriff auf die Information verweigerte, so sind es nun die Begrenztheiten der Internetkataloge und der elektronischen Suchmaschinen, die eine zielgerichtete Suche nach Informationen erschweren. User können nicht überblicken, welche für sie relevanten Informationen nicht von der Suchmaschine vermittelt werden. »Unbegrenzte Dokumentationsmöglichkeiten relativieren sich [...] nicht zuletzt an den Möglichkeiten der Informationsverarbeitung und -distribution« (Loosen 1999, 42). Auch die Finanzierung der Suchmaschinen beeinflusst ihren Informationsgehalt. Einige Webseiten von Suchmaschinen haben einen Rahmen aus Werbebannern, der zu ihrer Finanzierung beiträgt. Für Suchmaschinen ist eine wichtige Finanzierungsquelle der Kauf von Rankingplätzen in der Suchauswahl. Auf diese Weise ist etwa Amazon.de häufig in den Spitzenplätzen vertreten. Mittlerweile entstand eine eigene »Search Industry«, die Einnahmequellen und Strategien für die Platzierung in Suchmaschinen entwickelt. Mit der Kommerzialisierung der Rankings verwischen die in den bisherigen Massenmedien vorhandenen Grenzen zwischen Information und Werbung. Information verliert im Internet auf diese Weise ihren Charakter eines unabhängigen immateriellen Angebots. Suchmaschinen bilden im Netz die Schnittstelle zwischen inhaltlichen Angeboten, ökonomischen Marketinginteressen und den Orientierungsinteressen der Nutzer.

Elemente der Rezeptionssteuerung

Navigationsangebote versuchen das Nutzungsverhalten zu steuern. Medienwissenschaftler untersuchten in den letzten Jahren unterschiedliche Elemente der Rezeptionssteuerung mit dem von Gérard Genette entwickelten Paratextemodell der Literatur. Genette kategorisierte im Rahmen der Buchforschung Textsorten, die der Steuerung des Leserverhaltens dienen. Dazu zählen u.a. Titel, Gliederung, Kapitelüberschriften. Gérard Genette definiert Paratexte als »alle jene Begleittexte [...], die einem literarischen Werk auf seinem Weg durch die Öffentlichkeit zur Seite gehen«. Veränderungen in der ökonomischen Struktur des Verlagswesens, so implizieren es seine Einzeluntersuchungen, führen auch zu Veränderungen der Paratextgestaltung.

Die Paratexte des Internets sind zumeist auf den Einstiegsseiten platziert und umfassen u. a. Suchmaschinenlisten, Link- oder Rankinglisten. Dies lässt sich am Beispiel von Videoportalen illustrieren: »Typically, these pages offer two entrances to the collection. The first is an entrance selected by the system, showing lists of videos organized by status (›most popular‹) or chronology (›most recent‹). The second entrance is the search box, with which the user starts a key word search of the collection, thus an entrance selected by the user. A third possible entry point is of course a direct link to a specific video. In all three cases it should be noted that these are indeed starting points. As we have seen, the fact that one film leads to numerous others is inscribed into the system of these collections« (Broeren 2009, 163).

Die Interaktivität des Web 2.0 beeinflusst auch die etablierten Ordnungsmodelle. Es etablierte sich neben einer kollektiven Verschlagwortung auch die persönliche Empfehlung von Inhalten. (vgl. Schmidt 2009) Die Ordnungsmodelle passen sich folglich den jeweils aktuellen Entwicklungen des Internets an.

Literatur

Kammer, Manfred (2003): Hypertext. In: Ralf Schnell (Hrsg.): Lexikon der Moderne. Stuttgart.

Pentzold, Christian (2007): Wikipedia. Diskussionsraum und Informationsspeicher im neuen Netz. München.

Angebotsformen

Angebotsformen und Inhalte nehmen eine Schlüsselfunktion für die jeweiligen Nutzungs- und Wirkungspotenziale eines Mediums ein. Medienangebote werden in der Forschung nach thematischen und funktionellen Kriterien in die drei Bereiche Information, Fiktion und Unterhaltung untergliedert. Zwar finden sich diese Schwerpunkte auch im Internet, sie werden jedoch durch unterschiedliche Formen der Individualkommunikation wie etwa E-Mails oder Chats ergänzt. Diese Kombination aus Massen- und Individualkommunikation macht den spezifischen Charakter des Internets als Hybridmedium aus.

Die Angebots- und Kommunikationsformen passen sich den technischen Funktionsweisen des Internets und den aus ihnen resultierenden Besonderheiten der medialen Vermittlung an. Auf diese Weise entstehen vielfältige Formen der Verknüpfung aus netzspezifischen Inhalten, der Onlinepräsenz etablierter Massenmedien, traditionellen kulturellen und medialen Angeboten mit Formen der Nutzerkommunikation. Gleichzeitig heben sich die Grenzen zwischen Profis und Laien als Produzenten und Urhebern von Medienangeboten auf. Der amerikanische Kulturwissenschaftler Henry Jenkins sieht in diesen Verknüpfungen die Grundlage einer veränderten Medienkultur: »Welcome to convergence culture, where old and new media collide, where grassroots and corporate media intersect, where the power of the media and the power of the media consumer interact in unpredictable ways« (Jenkins 2006, 2). Anbieter, Autoren, Angebote und ökonomische Entwicklung sind eng verschränkt.

Merksatz

In den sehr unterschiedlichen Bereichen Journalismus, Literatur, Unterhaltung und Kommunikation bilden diese Verknüpfungen von Angebotsformen der Massen- und Individualkommunikation die Grundlage für das Entstehen neuer Sozialgemeinschaften und führen damit zu einer Veränderung des Internets als Vernetzung von Daten hin zu unterschiedlichen Formen der Vernetzung von Menschen (Schmidt 2009).

Onlinejournalismus

Der Journalismus ist eine zentrale Form der öffentlichen Kommunikation, die sich durch Merkmale wie Objektivität, Aktualität, Neutralität von anderen Kommunikationsformen, etwa der PR, unterscheidet. Das journalistische Angebotsspektrum richtet sich nach den jeweils intendierten Funktionen: »Wer kurz informieren will, schreibt eine Nachricht; wer mehr Stoff und Platz hat, einen Bericht. Für Anschaulichkeit und Authentizität sorgen Reportage und Interview, für Vertiefung das Feature und der analysierende Beitrag« (La Roche 1980, 20). Mit vergleichbaren Funktionen werden etablierte Textsorten der Printmedien (dazu zählen u.a. auch Kommentare und Glossen) auch im Onlinejournalismus verwendet und durch neue Angebote der netzspezifischen Many-to-many-Kommunikation ergänzt. Dazu zählen Mailinglisten oder Personalized Webnews, Plattformen mit individuellen Kurznachrichten wie Twitter, Foren (meistens themenbezogen, aber auch moderierte Chatangebote), Weblogs und Hypertextkolumnen wie Perlentaucher oder die Netzzeitung.

War die traditionelle Interaktivität noch auf Interaktionen der Leser mit Beitragsautoren begrenzt, so bestehen nun vielfältige Möglichkeiten, eigene sprachliche oder visuelle Inhalte unabhängig von der Auswahl durch Redaktionen zu publizieren. Mit diesen Angeboten erweitert sich das bisherige Spektrum journalistischer Inhalte. An die Seite von Nachrichten mit öffentlicher Relevanz treten individuelle Informationen aus dem privaten Umfeld.

Gerade durch den Einfluss der Blogs wird eine Subjektivierung des traditionellen Journalismus erkennbar. Printmedien wie etwa die Bild-Zeitung greifen immer stärker auf Fotos und Nachrichten der Leser zurück. Die Many-to-many-Kommunikation ermöglicht Nutzern einen Rollenwechsel zwischen Rezeption und Produktion von Medienangeboten. So zeigen Nutzer in Videoplattformen wie Youtube oder Myvideo selbst gedrehte Filme oder verbreiten eigene Kurznachrichten über die Plattform Twitter. Diese unterschiedlichen Interaktionsformen und Produktionsmöglichkeiten heben die einseitige Ausrichtung des traditionellen Kommunikationsprozesses vom Sender zum Empfänger auf und ermöglichen unterschiedliche Formen des Bürgerjournalismus (Gilmor 2004). Die Bezeichnung Bürgerjournalismus impliziert auch eine Entprofessionalisierung der journalistischen Produktion und gleichzeitig eine Integration der subjektiven Perspektive.

Bereits mit dem Aufdecken der Lewinsky-Affäre in den USA 1998 etablierte sich der Onlinejournalismus als eigenständige Informationsinstanz im etablierten Mediensystem. Doch hat das Internet tatsächlich den »Birth of Way New Journalism« hervorgebracht, wie es Joshua Quittner schon 1995 selbstbewusst in einem Manifest verkündete? Weniger euphemistisch klingen Zusammenfassungen der darstellerischen Möglichkeiten, die sich dem Journalisten im Netz bieten: »Texte, Fotos, Ton und bewegte Bilder auf derselben Oberfläche darzustellen; die Verknüpfung unterschiedlicher Inhalte durch Hyperlinks, sei es zu anderen Artikeln, Informationsquellen oder den Autoren selbst; Interaktivität – die Gelegenheit, Berichterstattung zu beeinflussen und mit anderen Nutzern oder Journalisten in Kontakt zu treten« (Wieland Wieland/Spielkamp 2003, 117).

Bei vielen Medienunternehmen bleibt der Onlinejournalismus ein Zusatzangebot zu den etablierten medialen Informationen. Verleger- und Redaktionspolitiken bestimmen, in welchem Verhältnis Onlineangebote zu den bestehenden Publikationsorganen eines Verlages stehen. Die traditionelle Redaktionsorganisation weicht bei dem Newsdesk-Konzept größerer Anbieter vielfältigen Kooperationen von Teams im Bereich Contentproduktion und Onlinedesign. Bei kleineren Anbietern übernimmt der Onlinejournalist diese Funktionen in Personalunion. Klaus Meier fasst innerhalb dieser unterschiedlichen Organisationsformen sechs Besonderheiten des Onlinejournalismus zusammen (Meier 2002):

- »die Verknüpfung einzelner Informationseinheiten durch Links und die Selektionsmöglichkeiten für den Leser (*Hypertext*);
- der Computer-Bildschirm als Schnittstelle (*Interface*) zwischen der Präsentation und dem Nutzer;
- die Möglichkeit der *ständigen Aktualisierung*: Immer wieder wird das Alte durch das Neue überschrieben. Das Alte verschwindet spurlos oder wandert über einen neuen Link ins Archiv, für das riesige Speichermöglichkeiten und Suchfunktionen zur Verfügung stehen;

- die Möglichkeit der *Individualisierung und Personalisierung* von Informationen, die in dynamischen Websites mit riesigen Datenbanken stecken;
- die multimediale Verbindung von Text, Bild, Ton, Video und Animation (*Hypermedia*);
- der Rückkanal per E-Mail, Diskussions-Forum oder Live-Unterhaltung, mit dem der Leser selbst schreiben, kritisieren, eben interagieren kann. Dabei wird *Interaktivität* nicht als ›Mensch-Computer-Kommunikation‹, sondern als ›Mensch-zu-Mensch‹ Kommunikation verstanden.«

Diesen Besonderheiten entsprechen unterschiedliche Textstrukturen des Onlinejournalismus, die bestehende mediale Strukturprinzipien adaptieren. Werden im traditionellen Nachrichtenjournalismus die wichtigsten Informationen am Textbeginn platziert, so dienen im Internet vergleichbar konzipierte Leads, der Steuerung des Leserverhaltens. Der weitere Textaufbau umfasst auch andere Module bis hin zu eigenen themenbezogenen Seiten mit Zusatzinformationen. Der linearen Textstruktur gedruckter Tageszeitungen entsprechen im Onlinejournalismus Texte mit langen zusammenhängenden Informationseinheiten, die in einer linearen Abfolge auf einer Seite sichtbar oder in Modulen thematisch vernetzt sind. Auch im Bereich der visuellen Information gibt es Kombinationen netzspezifischer und etablierter Vermittlung. Traditionelle Formen der Fernsehnachrichten und Liveübertragungen werden mit netzspezifischen Formen der Direktvermittlung durch Webcams kombiniert. In der weltweiten Vernetzung einer Vielzahl von Anbietern unterschiedlicher Webcamaufnahmen, Youtube-Videos oder Videoblogs etablierte sich eine eigene Beobachtungswirklichkeit als Parallelwelt.

Diese Erweiterungen der traditionellen Massenkommunikation durch die Many-to-many-Kommunikation reduziert die Filterfunktion bisheriger Gatekeeper-Instanzen, die Nachrichten aus einer Vielzahl von Ereignissen für die öffentliche Verbreitung auswählen. So verlieren neben Nachrichtenagenturen wie dpa auch Herausgeber und Redaktionen an Bedeutung für die Verbreitung von Informationen. Jeder Nutzer kann selbst eigene Informationen ohne den medialen Filter der Redaktionsauswahl u.a. via Blog oder Twitter direkt im Netz präsentieren oder durch Newsletternachrichten an interessierte Empfänger versenden. In der durch unterschiedliche Informationsformen entstehenden Vielzahl von Meldungen konkurrieren Nachrichten um die Aufmerksamkeit des einzelnen Lesers. Die den individuellen Interessen angepasste Nachrichtenauswahl durch Newsfeeds der RSS (Really Simple Syndication), wie etwa die personalisierten Webnews von Daily Me, radikalisiert die thematische Vielfalt.

Weblogs

Als Mischformen zwischen Onlinejournalismus und traditionellen Tagebüchern gelten Weblogs. Peter Praschl definiert sie als »(meistens täglich) aktualisierte, relativ ›persönliche‹ Websites mit kurzen Beiträgen, die link-intensiv sind« (Praschl 2001). Die eigentliche Urheberschaft für den Begriff Weblog wird John Barger zugeschrieben, der 1997 ein Web-Logbuch einrichtete, um seine Internetaktivitäten zu dokumentieren.

Weblogs gelten »als authentisch, weil sie die Persönlichkeit des Autors repräsentieren. Weblogs sind dialogorientiert, weil sie bidirektionale Kommunikation innerhalb eines Angebots und über einzelne Angebote hinweg technisch unterstützen. Weblogs sind schließlich eine dezentrale Form des Austauschs, die Merkmale der öffentlichen und der interpersonalen Kommunikation vereint und soziale Netzwerke unterschiedlicher Reichweite fundiert« (Schmidt 2006, 9). Die durch Links erfolgte komplexe Vernetzung von Blogs bildet in ihrer Gesamtheit die sogenannte Blogosphäre.

Das mittlerweile differenzierte Angebotsspektrum reicht vom »virtuellen Tagebuch« oder der Chronik eigener Webaktivitäten bis hin zum individuellen Linkfilter, der die Komplexität der Onlineangebote reduziert und sich als individualisiertes Navigationsangebot bezeichnen lässt. Der Wunsch nach medialer Selbstdarstellung, der im Fernsehen noch durch die Gatekeeping-Funktion der Redaktionen von Talk- oder Gerichtsshows eingeschränkt wurde, findet in Vblogs seinen potenziell ungehinderten Ausdruck:

> »[Vblogs] is a dominant form of user-created content, and is fundamental to Youtube's sense of community […] the vlog as a genre of communication invites critique, debate and discussion. Direct response through comment and via video is central to this form of engagement« (Burgess/Green 2009, S. 94).

Weblogs erfüllen auch kommunikative Funktionen, wenn Blogger wechselseitig in Postings ihre Inhalte kommentieren oder durch ihre »Tagebücher« Kontakt zu Menschen in vergleichbaren Krisensituationen suchen. Mittlerweile bilden Blogger eigene themenbezogene virtuelle Communitys (vgl. hierzu Thiedeke 2000, 67). Blogworlds, als Kombination verschiedener Blogs, sind mittlerweile ein fester Bestandteil der Angebotskomplexität des Internets.

Onlinefilme

Das von Nutzern produzierte filmische Angebotsspektrum von Videoplattformen wie Youtube lässt thematische Schwerpunkte und Genrebildungen erkennen, die sich an bisherigen medialen Vermittlungsformen orientieren. In Slash-Videos konstruieren Fans aus Serienvideos ihren Idealplot, der etwa Liebesbeziehungen beinhaltet, die in den ursprünglichen Fernsehdrehbüchern nicht vorgesehen waren. Das serielle Narrationsprinzip der Verschränkung unterschiedlicher Handlungsstränge wird hier aus dem Kontext der Drehbuchvorgaben gelöst und durch individuelle Rekompositionen ersetzt. Dabei ermöglicht vor allem das Schuss-Gegenschuss-Verfahren des Fernsehens die Verknüpfung von Dialogen und Handlungssequenzen. Jonathan McIntosh kombiniert in »Buffy vs Edward: Twilight Remixed« kurze Dialog- und Handlungssequenzen aus unterschiedlichen Serienepisoden und Filmszenen zu einer eigenen Episode über die vergebliche Liebe zwischen einem Vampir und einer Vampirjägerin. Die auf sechs Minuten begrenzte Dauer dieses Youtube-Videos folgt der klassischen Drei-Akt-Dramaturgie von Einführung, Konflikt und Konfliktlösung.

Mash-up-Videos fügen Szenen unterschiedlicher Serien und Spielfilme zusammen. In »Star Trek vs Star Wars« wird die jeweils bestehende Protagonisten-Antagonisten-Struktur aufgelöst, so dass die Protagonisten von Star Trek durch die Montage von Szenen und digitale Integration einzelner Bildmotive aus den Star-Wars-Filmen in Konflikt mit den Filmantagonisten geraten.

Sogenannte Spoof-Videos rekombinieren bestehendes Bildmaterial bekannter Filme nach den Konventionen kontrastierender Genres. So wirkt The Shining Remix wie ein Trailer zu einem netten, harmlosen Disney-Familienfilm. Ein als Schriftsteller tätiger, liebevoller Vater verbringt mit seiner Familie eine von harmonischer Musik untermalte, glückliche Zeit in einem gemütlichen Familienhotel in den Bergen.

Die Musikclips des Fernsehens werden auf Youtube in weitere unterschiedliche Formen ausdifferenziert: »The genre can roughly be subdivided into three categories: People lip-synching original recordings of popular songs, people recording their own cover version of songs by their favourite artists, and people recording their own songs« (Broeren 2009, 159).

Kommerzielle Anbieter wie Buena Vista Home Entertainment nutzten das Vorbild der Fanvideos für eigene, ebenfalls selbstironisch mit Genregrenzen spielenden Produktionen wie »Desperate Housewives – Oprah Winfrey in the Neighbourhood«. Neu gedrehte Szenen, in der die Talkmasterin Oprah Winfrey eine neu zugezogene Bewohnerin der Wysteria Lane spielt, werden mit Schlüsselszenen aus unterschiedlichen Serienfolgen montiert. Winfreys Reise durch die Häuser auf der Suche nach etwas geliehenem Zucker macht sie mit den Geheimnissen der Bewohner vertraut, die der Zuschauer bereits aus den verschiedenen Staffeln der Serienausstrahlung kennt.

Auch einzelne Erscheinungsformen des traditionellen Amateurfilms avancieren bei Youtube zu einem eigenen Genre. Die Videoplattform wird für die Verbreitung privater Aufnahmen, sogenannter Home-Videos, genutzt. Ein weiteres Genre kombiniert als Form der visuellen Kommunikation die Selbstdarstellung mit der an die Person des Filmemachers geknüpften Communitybildung:

> »Videos of affinity try to establish communicative connections to people, often members of social networks [...] Videos of affinity are not targeted nor read as necessarily containing material for general audiences. They typically interest delineated groups of people who wish to participate and remain connected socially in some way to the videomaker [...] Often the content is stereotypical, spontaneous and contains numerous in-jokes and references that many general viewers would not understand in the way creators intended« (Lange 2009, S. 70, 73).

Ein weiteres Genre der Selbstdarstellung widmet sich der Inszenierung mehr oder weniger vorhandener körperlicher Fähigkeiten. »This category mostly consists of people performing stunts or tricks – like stunts, magic Tricks, etcetera« (Broeren 2009, S. 161). Die Gestaltung dieser Videos orientiert sich an Fernsehformaten wie »Pleiten, Pech und Pannen«.

Auch populäre Filmgenres beeinflussen die Struktur und Gestaltung von Youtube-Videos. Von besonderer politischer Brisanz ist die Selbstdarstellung amerikanischer Soldaten im Irak-Krieg in selbst gedrehten Videos bei Kampfeinsätzen. Die filmische Konstruktion des Eigenen und des Fremden orientieren sich an medialen Helden- und Feindbildern. Die Ästhetik dieser Videos nutzte Brian de Palma als ästhetisches Vorbild für seinen Kinospielfilm Redacted (2006). Damit schließt sich der Kreis der Remediation vom Kinofilm zu Youtube zum Kinofilm.

Youtube beinhaltet nicht nur eine Auswahl von Format- oder Sendungsparodien aus Comedyreihen wie »Switch« oder »Kalkofes Mattscheibe«. Auch im Bereich des User Generated Content finden sich Reinszenierungen von Film- und Fernsehsendungen durch parodistische Selbstdarstellung. Narrationscollagen arbeiten mit bestehendem Bildmaterial, das mit neuen Inhalten synchronisiert wird. So mutiert eine Folterszene aus der Erfolgsserie »24« in einen WG-Konflikt, der in mehreren Folgen im schwäbischen Dialekt ausgetragen wird.

Parodien der User machen auch nicht vor Wahlkampf und Werbespots Halt. »Hilary 1984« führt die Markenartikelwerbung (Apple) mit den Spots der Wahlwerbung zusammen. Die Konfrontation zwischen Konsuminformation und politischer Information lässt die Gemeinsamkeiten beider Bereiche umso deutlicher hervortreten.

Onlinespiele

Für Onlinespiele lässt sich die Unterscheidung zwischen Spielen im Netz und Onlinespielen verwenden. Viele traditionelle Computerspiele sind auch als Onlineangebote verfügbar. Onlinespiele können ohne Raumbegrenzung von mehreren Teilnehmern gespielt werden. Genuin für das Internet konzipierte Onlinespiele lassen Einflüsse von visuellen Narrationen, Chats, Netzliteratur und Theater erkennen. Viele Spiele enthalten sowohl sprachliche und handlungsorientierte Interaktionen zwischen den Spielern als auch sprachlich vermittelte Erzählabschnitte. In den Spieleinheiten von Rollenspielen wie etwa »World of Warcraft« ist der Spieler selbst aktiv an der Konstruktion des Geschehens beteiligt. Die Spielwelten wiederum bilden den Ausgangspunkt für das Onlinefilm-Genre »Machinima«. Onlinespiele werden zunehmend auch Inhalt von Angeboten traditioneller Medien, etwa in der »World of Warcraft«-Episode der Fernsehserie »Southpark« und dem Film BEN X des belgischen Regisseurs Balthasar.

Onlinewerbung

Im Internet sind Übergänge von der traditionellen Werbung zu innovativen Formen der Onlinewerbung fließend. Die Push-Kommunikation klassischer Medienwerbung, die Konsumbotschaften an eine anonyme Masse potenzieller Adressaten richtet, trifft im Internet auf unterschiedliche Werbeformen, die eine interaktive Nutzung intendieren. Dieses interaktive Vermittlungssystem richtet sich an Nutzer, die ihre Wünsche zielgerichtet verfolgen. Die Ermittlung von Nutzerdaten (das sogenannte »Profiling«) erfolgt u.a. durch automatische Softwareprogramme, die sogenannten »Cookies«. Sie durchsuchen die Festplatten der Nutzer nach relevanten Daten über Interessen und Konsumverhalten. Diese Daten ermöglichen es, dem Kunden auf Basis seiner besonderen Interessen und seines bisherigen Kaufverhaltens individuelle Konsumangebote zu machen.

Es geht nicht mehr um die bloße Übermittlung von Konsumbotschaften, sondern auch um die Vermittlung interaktiver Erlebnisangebote. Verschiedene Formen des Eventmarketings realisieren enge Verknüpfungen von On- und Offlineerfahrung, die sie an deutlich abgrenzbare Zielgruppen der am jeweiligen Event, wie etwa Musikkonzerten, Interessierten richten.

E-Mercials kombinieren Bild, Sound, Text (Sprache wird entweder visuell oder akustisch vermittelt), Bildaufnahmen oder Animation. Verbindungen von Texten und animierten Bildern besitzen ein hohes Aktivierungspotenzial und einen hohen Erinnerungswert. Sie orientieren sich an Vorbildern der Spotwerbung aus Kino und Fernsehen. Auch »Interstitials« als Unterbrecherwerbung, die in die jeweils geöffneten Browserfenster eingefügt werden, oder als Roadblocker bezeichnete Webseiten, die sich zwischen Seitenwechsel schieben, funktionieren nach dem Modell der Unterbrecherwerbung im Fernsehen. »Superstitials« nutzen eine große Bandbreite an multimedialen Vermittlungsmöglichkeiten. Durch das sogenannte Targeting wird Werbung nur an die jeweils intendierte Nutzerzielgruppe geschickt. Das strategische Kommunikations- und Verbreitungskonzept der virtuellen Mundpropaganda (diese wird auch als Viral Marketing bezeichnet) richtet sich an Kunden, »denen eine Multiplikator-Funktion für die übermittelten Botschaften zukommt. Mit Hilfe dieser Multiplikatoren soll es gelingen, dass sich die Botschaften geradezu epidemisch verbreiten« (Fritz 2001, 122). Charakteristische Elemente des Viral Marketings sind ungewöhnliche Spots, die sich die User wechselseitig zusenden, Weiterempfehlungsbuttons, mit denen Inhalte versendet werden und weitere Funktionen, die die Verbreitung der Werbebotschaften beispielsweise durch elektronische Grußkarten motivieren.

Netzliteratur, Theater und Netzkunst

Als Kulturraum integriert das Internet auch literarische und künstlerische Ausdrucksformen. Eine grundlegende Unterscheidung klassifiziert die Vielzahl literarischer Inhalte. Literatur im Netz beschreibt die Onlineverbreitung bestehender Texte durch professionelle und nicht professionelle Autoren, die sich auf diese Weise von der Gatekeeper-Funktion traditioneller literarischer Verlage lösen können. Diese Verlage wiederum nutzen ihren Webauftritt auch damit, um Leseproben vorhandener Texte oder innovative literarische Projekte zu verbreiten. Die Bezeichnung Netzliteratur erfasst die Vernetzung von Texten und Autoren. Sehr häufig wird mit der Verknüpfung sprachlicher und visueller Vermittlung experimentiert. Plattformen wie netzliteratur.net oder digitale Salons wie »Berliner Zimmer« dienen der Organisation und Verbreitung dieser Texte.

Roberto Simanowski (2001) erfasst unterschiedliche Formen der Netzliteratur mit dem Begriff »Interfictions« und konstatiert veränderte Lektüreformen: Der Leser müsse sich zwischen Textabschnitten bewegen, von einem Bildschirm lesen und zum Teil selbst Änderungen in den Text eingeben. Der Leser von Hypertexten müsse selbst einen Zusammenhang zwischen den einzelnen Textelementen herstellen und eine Bedeutung ermitteln. Die Grenzen zwischen Autor und Leser verschwömmen zugunsten spielerischer Formen des Schreibens und Lesens, die sich an gemeinsam akzeptierten Regeln orientierten. Damit verändere sich auch eine der traditionellen Grundmotivationen des Lesens, nämlich die Vervollständigung der eigenen Identität hin zum Spiel mit Identitäts- und Handlungskonzepten.

Auch szenische literarische Formen sind in das Internet integriert. In Erweiterung der Spielplanpräsentation etablierter Theaterinstitutionen wird das Internet als Bühne unabhängiger Autoren und Regisseure für eigene Aufführungen und Performance genutzt. Das Netztheater hebt bisherige zeitliche und räumliche Grenzen traditioneller Aufführungen von Dramen auf und ermöglicht eine individuelle Rezeption.

Vergleichbar mit Netzliteratur und -theater lässt sich auch im Bereich Kunst die Verbreitung bestehender Kunstprodukte im Internet von Formen der Netzkunst unterscheiden, die sich interaktiv mit den formalen Möglichkeiten der Internetvermittlung auseinandersetzen. Die Kritik der Formensprache mit ihren eigenen Mitteln dient der Weiterentwicklung ästhetischer Vermittlungsmöglichkeiten, die häufig im Bereich des Webdesigns Anwendung finden.

E-Mail, Chat und Forum

Unterschiedliche Formen von Individual- und Gruppenkommunikation im Internet lassen sich u.a. nach der zeitlichen und räumlichen Struktur, der Zahl der Kommunikationspartner, dem Aktivitätsgrad und den verwendeten Darstellungselementen kategorisieren (Neuberger 1999, 49):

»1. asynchrone und synchrone Kommunikation,
2. »one-to-one«, »one-to-many« und »many-to-many«-Kommunikation,
3. interaktive und selektive Kommunikation,
4. öffentliche und private Kommunikation,
5. visuell-statische, dynamische und auditive Kommunikation.«

Im Sprachgebrauch beschreiben viele Metaphern die diversen sozialen Funktionen dieser interaktiven Kommunikationsmöglichkeiten:

> »Man spricht von ›virtuellen oder elektronischen Gemeinschaften‹, von ›künstlicher Interaktion‹ und vom ›Dialog‹. Angespielt wird mit diesem metaphorischen Sprachgebrauch auf die Möglichkeit, mit schriftlicher Kommunikation Formen und Funktionen mündlicher Kommunikation (wie klönen, klatschen, plauschen, flirten u.a.) zu ermöglichen, die bislang ohne Face-to-face-setting oder Telefonkontakt nicht denkbar erschienen« (Thimm 2000, 10).

E-Mails, Chatrooms und Foren nähern sich der Zeitgleichheit sprachlicher Kommunikation an. Bleibt in den Massenmedien die Sprachvermittlung auf die Anbieter beschränkt, so ist im WWW schriftsprachliche Interaktion möglich. Kommunikationsformen wie E-Mail, Diskussionsgruppen oder Chats kombinieren gesprochene Sprache mit schriftlichen Kommunikationstechniken. Die wissenschaftliche Forschung zu Formen der Individualkommunikation im Internet schließt an bisherige Untersuchungen zur Computer-Mediated-Communication (CMC) an, die folgende Formen unterscheidet:

a) öffentlich	disperses Publikum	dominante Einseitigkeit/ marginales Feedback
b) öffentlich	Nutzerkollektiv / elektronische Gemeinschaft	Erwartungen gegenseitiger Bezugnahmen / Aktive Nutzer und Nurleser (»Lurker«)
c) privat	Nutzergruppe / »elektronische Gemeinschaft«/ Individuum	Gegenseitigkeit / computervermittelte interpersonale Kommunikation

Computer-Mediated-Communication
(Höflich 1997, 90)

In diesen verschiedenen Kommunikationsformen wird der Computer unterschiedlich eingesetzt. Wie traditionelle Medien kann er als bloßer Kanal für Inhalte dienen: Mailinglisten verbreiten alle Mails, die an die Adresse eines Verteilers geschickt wurden, an alle anderen Mitglieder dieses Verteilers. Formen der öffentlichen Kommunikation nutzen den Computer auch als Abrufmedium. Diese Kommunikationsform kennzeichnet etwa Onlineausgaben von Zeitschriften. In öffentlichen Kommunikationen, an denen Nutzer aktiv teilnehmen, dient der Computer als Diskussionsmedium, als Forum. Es bilden sich »elektronische Gemeinschaften« mit eigenen Werten und Regeln, die den Computer als Medium der Kommunikation nutzen (ebd., 1997, 91 f.).

Von der Face-to-Face-Kommunikation (FTF) unterscheidet sich die CMC durch fehlende körperliche Präsenz. So entstehen verschiedene Kommunikationsmöglichkeiten: »videotext, audiotext, personal computers, computer conferencing, word processing, computer bulletin boards, office information systems, and electronic and voice mail« (Rice 1989, 436). Das interaktive WWW erweitert dieses Angebot durch Kommunikationsformen wie E-Mails, Newsgroups, Internettelefone, Chats, MUDs und digitale Videos (vgl. hierzu Thimm 2000, 10). Die Vielfalt interaktiver Kommunikationsformen und ihre Einbindung in virtuelle Communitys wird mit dem Begriff der »Social Software« erfasst (Gscheidle/Fisch 2007, 397).

Sprache der Internetkommunikation

Die Aufhebung bisheriger Raum- und Zeitgrenzen durch die weltweite Vernetzung und die ständige Austauschmöglichkeit charakterisieren die

Kommunikationsformen des Internets. Syntax, Sprachgebrauch und Inhalte von E-Mails oder Chats lehnen sich an Formen der Face-to-Face-Kommunikation zwischen körperlich anwesenden Gesprächspartnern an. Gesprochene Sprache und Schrift bilden neue Symbiosen, die sich in Begriffen wie »geschriebene Sprache« (Thimm 2000, 11) oder schriftliche Oralität erfassen lassen. Nicht nur die Syntax, sondern auch die Schreibweisen passen sich dem mündlichen Sprachgebrauch an. Nutzer verwenden zur Beschleunigung der Kommunikation fragmentarische Satzstrukturen und Akronyme, das heißt Abkürzungen von Wörtern mit ihren Anfangsbuchstaben, wie CU für »See You«. Mit visuellen Emoticons wie *J* oder *L* lassen sich emotionale Befindlichkeiten ausdrücken und ironische Kommunikationsformen signalisieren. Inflektive deuten körpersprachliche Ausdrucksformen wie *knuddel* an.

E-Mails kombinieren Formen der gesprochenen und der geschriebenen Kommunikation und erzeugen so eine spezifische Wirkung von Intimität und Informalität. Im Unterschied zur direkten Interaktion zwischen Gesprächspartnern sind E-Mails asynchron, da sie gespeichert werden können und so nicht zu einer bestimmten Zeit gelesen werden müssen. Das Angebotsspektrum von E-Mails umfasst persönliche Korrespondenz, öffentliche Bekanntmachungen, Diskussionslisten und elektronische Konferenzen (e-conferences; Lee 1996, 276). Bulletin Boards, die von Privatleuten oder Unternehmen betrieben werden, gelten als das virtuelle Äquivalent zu traditionellen Formen öffentlicher Kommunikation (vgl. hierzu Gumpert/Drucker 1996, 33). Maillisten, in denen E-Mails gleichzeitig an Mitglieder versandt werden, sind zumeist thematisch strukturiert. Auch häufig nicht erwünschte Inhalte werden durch E-Mails an viele Adressaten verbreitet. Der Begriff »Flaming« bezeichnet emotional aggressive E-Mails. »Spams« sind unaufgefordert eingesandte E-Mails, die meistens Werbung enthalten.

Chats. Plaudern und Klatschen als ursprüngliche Wortbedeutungen von Chat signalisieren die Nähe der Online-Kommunikationsmöglichkeiten zur Face-to-Face-Kommunikation. Im Chat finden sich typische Elemente der Alltagskommunikation wie das Gespräch, die Diskussion oder die Erzählung. Chatdienste als Programme, die es einer großen Zahl von Nutzern ermöglichen, zeitgleich zu kommunizieren (Schönfeldt 2001, 25), erweitern das bisherige Spektrum von Kommunikationsmöglichkeiten. Diese Chatdienste werden für unterschiedliche berufliche oder private Kommunikationszusammenhänge und für Diskussionen über Medienangebote (Storrer 2001, 5) eingesetzt. Das Angebotsspektrum lässt sich kategorisieren in: »unmoderierte Chats, moderierte Chats, themenspezifische Chats, gruppenspezifische Chats, Chat-Events, Beratungs-Chats, Seminar-Chats, Rollenspiel-Chats, Chats mit Avataren, Comic-Chats« (Beißwenger 2001, XII). Chatforen stehen als virtuelle Treffpunkte vierundzwanzig Stunden lang ohne Reglementierung der Teilnahmezeit zur Verfügung. Chatsitzungen und Chatevents (etwa Prominentenchats) finden zu bestimmten Terminen statt und werden meist moderiert. Dies führt zu einer Auswahl der veröffentlichten Chatbeiträge und zu einer Festlegung ihrer Reihenfolge. Je nach Vorhandensein einer thematischen Struktur wird zwischen Off-Topic-Chats (Smalltalk, zumeist Flirts) und On-Topic-Chats (psychologische Beratungsforen, Tauschforen) unterschieden (Döring 2001, 146 f.).

Je nach den durch technische Möglichkeiten bereitgestellten medialen Codes unterscheidet Nicola Döring zwischen den am häufigsten vorkommenden Textchats, Videochats, in denen der textbasierte Austausch durch Audio- und Videoverbindungen ergänzt werden kann, und Grafikchats, in denen sich die Gesprächspartner in grafischen Umgebungen aufhalten und selbst als Kunstfiguren (»Avatare) dargestellt sind. Mit neuen technischen Möglichkeiten sind weitere Ausdifferenzierungen zu erwarten. Hier sind die Grenzen zu den virtuellen Spielwelten der MUDs fließend (Döring 2001, 144 f.).

Aus der Perspektive der Medienlinguistik liegen die Besonderheiten des Chats in der parallelen Teilnahme an mehreren Gesprächssträngen und der Nutzung von Gesprächsprotokollen. Im Unterschied zu anderen Formen der mündlichen oder schriftlichen Kommunikation werden längere Chatbeiträge in kleine Einheiten unterteilt, was die kontinuierliche Rezeption und damit die Asynchronität der Kommunikation von mehreren Gesprächssträngen erleichtert. In Chatgruppen von überschaubarer Größe regulieren Vereinbarungen den Sprecherwechsel (Storrer 2001, 14). In nicht moderierten Chats bestimmt meist die Schreibgeschwindigkeit der Teilnehmer über die Reihenfolge der Beiträge, da der Server sie in der Reihenfolge ihres Eintreffens auf dem Bildschirm platziert. Durch Adressierungen lassen sich bestimmte Gesprächspartner direkt ansprechen.

Es besteht aus Sicht der Psychologen durch die Anonymisierung der Kommunikation eine hohe Anziehungskraft von Chats. Anonymität diene »als Alkohol der virtuellen Welt […], der den kreativen und offenen Dialog flüssiger macht, welcher eine Herausforderung für die Konventionen physischer Versammlungen darstellt« (Wyver 1999, 169). Die Anonymität wird auch »von den Kommunizierenden selbst hergestellt« (Gallery 2000, 71). So hängt die Wahl von Nicknames und die Sicherung der Anonymität entscheidend von der jeweiligen Registrierung in den Chats ab.

Im Rahmen der Internetnutzung fungieren Chats als Restzeitverwertung sowohl im Rahmen der beruflichen Tätigkeit als auch in der Freizeit. Chats sind auch mit dem traditionellen Face-to-Face-Smalltalk vergleichbar (Döring 2000, 42).

Mittlerweile etablierte sich in den Chats ein Regelwerk von Vereinbarungen über das Kommunikationsverhalten. Der Begriff »Netiquette« als Verbindung von Etiquette und Netz beschreibt Vereinbarungen über Umgangsformen der Kommunikation. Bei Nichteinhaltung des Regelwerks können Teilnehmer aus Chats ausgeschlossen werden. Die Kommunikationsweisen und Regeln der Chats bilden eine virtuelle Entsprechung der direkten Individualkommunikation.

Communitys und soziale Netzwerke

Newsgroups fungieren als öffentliche Orte der Chatkommunikation. Teilnehmer diskutieren in thematisch ausdifferenzierten Gesprächsrunden und tauschen Ideen aus. Es bilden sich raumunabhängige, durch gemeinsame Interessen verbundene Gemeinschaften, die sogenannten Communitys. Hier können Nutzer ihre Meinungen und Informationen mit anderen gleichgesinnten Mitgliedern einer potenziell weltweiten Öffentlichkeit austauschen. Soziale Netzwerke wie Facebook bieten vielfältige Möglichkeiten der individuellen Selbstdarstellung eigener Interessen, der Bildung virtueller Freundeskreise, der beruflichen Vernetzung und der Individualkommunikation über den eigenen Alltag.

Neben unterschiedlichen Chats und themenbezogenen Newsgroups sind in den letzten Jahren vor allem Plattformen für soziale Netzwerke wie Myspace, die neben einer individuellen Selbstdarstellung auch vielfältige Kontakte über Blogs und Interessengemeinschaften ermöglichen, die Grundlage der Bildung neuer Sozialgemeinschaften (Schmidt 2006). Open-BC-Angebote wie etwa XING ergänzen die Individualkommunikation zwischen den Teilnehmern mit der Bildung beruflicher Netzwerke. Flickr, Youtube oder Myvideo ermöglichen die Präsentation eigener Fotos, selbst gedrehter Videos und Filme und den Tausch von Fernsehsendungen. Die wachsende Bedeutung dieser unterschiedlichen Formen von Communitybildung durch sozialen Austausch und die Vielfalt des User Generated Content wurden mit den Begriffen Web 2.0 oder Social Web beschrieben.

Literatur

Jenkins, Henry (2006): Convergence Culture. Where Old and New Media Collide. New York.
Schmidt, Jan (2009): Das neue Netz. Merkmale, Praktiken und Folgen des Web 2.0. Konstanz.

Nutzung und Wirkung

In diesem Kapitel werden die Kernthemen der Internettheorie vorgestellt. Eine zentrale Grundlage der in vielen wissenschaftlichen Teildisziplinen angesiedelten theoretischen Beschäftigung mit dem Internet besteht in dem Zusammenhang der technischen Basisstruktur und der Angebotskomplexität des Internets mit der gesellschaftlichen, kulturellen und sozialen Bedeutung ebenso wie die Möglichkeiten der individuellen Nutzung und Kommunikation. Daher werden dem Internet explizit und implizit Einflüsse auf gesellschaftliche Ordnungsmodelle zugesprochen. So weichen in der Akteurs-Netzwerk-Theorie (kurz ANT) des französischen Soziologen Bruno Latour eher hierarchische Modelle gesellschaftlicher Strukturen offenen Netzwerkmodellen mit verschiedenen Teilöffentlichkeiten. Als wichtige Instanzen der kommunikativen Verbindung dieser gesellschaftlichen Teilöffentlichkeiten dienen Massenmedien.

Öffentlichkeitsraum der digitalen Gesellschaft

Massenmedien organisieren die Öffentlichkeit als einen Kommunikationsraum, in dem wichtige Belange einer Gesellschaft diskutiert werden: Sie setzen sich mit Themen von allgemeinem öffentlichem Interesse auseinander und fungieren dabei gleichermaßen als Ausdruck und Konstituenten der öffentlichen Meinung. Der Soziologe Niklas Luhmann betont den gesellschaftlichen Einfluss des Mediensystems und stellt fest: »Das Medium ist die öffentliche Meinung selbst« (Luhmann 1981, 171).

Konsequenterweise wird in Anlehnung an Luhmann das Internet als »Öffentlichkeitsraum der digitalen Gesellschaft« (Schnell 2000, 271) bezeichnet. Dieser Öffentlichkeitsraum unterteilt sich in eine Vielzahl von Teilöffentlichkeiten, zu denen etwa die sozialen Netzwerke und andere Sozialgemeinschaften zählen. Nutzer bilden länderübergreifende unabhängige Sozialgemeinschaften, die sogenannten »Virtual Communities«, die sich in geografische, demografische, themen- und branchenorientierte Gemeinschaften ausdifferenzieren (Fritz 2001, 155). Auf der

Basis diverser Kommunikationsforen definieren sich neue Teilöffentlichkeiten über gemeinsame Interessen. Doch führt die wachsende Vielfalt virtueller Gemeinschaften zu einem Zerfall der Öffentlichkeit in verschiedene Teilöffentlichkeiten und somit zum potenziellen Verlust eines einheitlichen öffentlichen Kommunikationsraums in der Gesellschaft.

Politische Wirkungspotenziale. Lukas D. Introna und Helen Nissenbaum bezeichnen in ihrem Beitrag »Shaping the Web. Why the Politics of Search Engines Matters« (2000) das Web als politisches Gut, das wichtige Funktionen für die demokratische Entwicklung von Gesellschaften übernehmen könne. Sie sehen im Internet u.a. die Möglichkeit, das Habermas'sche Ideal des herrschaftsfreien Diskurses zu verwirklichen. Diesem utopischen Ideal stehen Struktur- und Angebotsentwicklungen des Internets entgegen. Die Selektions- und Sortierkriterien der Suchmaschinen führen zur Bevorzugung bestimmter Webseiten und damit zu einer allgemeinen Bedeutung von Hierarchisierungsstrukturen und dem Verlust des Demokratisierungsideals (Röhle 2009). Introna und Nissenbaum betonen daher die politische Dimension von Suchtechniken.

Theo Röhle verweist auf die Gegenposition u.a. von Fortunato et al. (2006), die die demokratisierenden Effekte von Suchmaschinen betonen, »einerseits durch das zufällige Auffinden von Informationen, die das eigene Weltbild infrage stellen, andererseits durch die Möglichkeit, dass gebündelte Informationen zu politischen Themen leicht gefunden werden können (Röhle 2009, 27). Begriffe wie digitale Demokratie oder E-Democracy beschreiben den Einfluss des Internets auf klassische, von Parteien dominierte Machtstrukturen zugunsten einer größeren Transparenz politischer Entscheidungsprozesse, Formen der interaktiven Mitwirkungen an Diskussionen oder Entscheidungen und der Mobilisierung gesellschaftlicher Strukturen (Leggewie/Maar 1998). Als interaktiver Diskussionsraum könne das Internet die gesellschaftliche Demokratisierung verbessern (Zipfel 1998, 41).

Bisherige Beschränkungen der Teilnahme an politischen Diskursen sind potenziell aufgehoben, da jeder Nutzer im Internet auch zum Urheber eigener politischer Botschaften werden kann. Diskussionsforen sind als Kommunikationsräume für jeden Bürger mit Internetanschluss zugänglich, die so an teilöffentlichen Debatten teilnehmen können. Doch spricht die Nutzungsrealität gegen weitreichende politische Funktionspotenziale des Mediums, denn vergleichsweise wenige Nutzer sind an einer Diskussion politischer Themen interessiert (Scherer/Berens 1998). Dennoch wird den Nutzern ein großes Potenzial bei der Meinungsbildung zugesprochen (Palm 2004, 166).

Gleichzeitig bilden flexible Teilöffentlichkeiten, wie Flashmobs, als im Internet organisierte Treffen sich unbekannter Menschen, ein revolutionäres Potenzial (Rheingold 2003). Webcam-Aufnahmen der Teilnehmer dienen der Dokumentation von Demonstrationen und Polizeieinsätzen und schaffen eine politische Gegenöffentlichkeit im Internet (Gleich 2002, 237).

Lebens- und Interaktionsraum. Die Netzwerke des Social Web wie etwa Facebook kennzeichnen vielfältige Formen der Vernetzung durch Profile und visuelle Selbstdarstellung. Youtube wirbt mit dem Slogan »Broadcast Yourself« und bringt aus den Videoclips seiner Producer immer wieder Laienstars hervor. »Ein Heer von Freizeitforschern und Hobbyjournalisten, von Amateurfotografen, Nachwuchsfilmern und Feierabendmoderatoren hat das World Wide Web als Podium erobert. Das Internet ist zu einem bunten, chaotischen Mitmach-Marktplatz geworden, auf dem jeder nach Laune im Publikum sitzen oder die Bühne bespielen kann. Ein wahres Welt-Theater, dessen Konsequenzen noch gar nicht abschätzbar sind« (Hornig 2006, 62).

Mit diesem Erfolg interaktiver Angebote etablierte sich das Internet als eigenständiger virtueller Lebens- und Interaktionsraum. Die prognostizierte Entwicklung zum 3-D-Internet radikalisiert dieses Raummodell. »Das Hinzufügen der dritten Dimension ist der nächste Umbruch im Internet« konstatiert Ansgar Schmidt (IBM). »Bald werde sich das gesamte Web aus der Fläche zu einer von Computern modellierten Parallelwelt erheben. Auf dreidimensionalen Webseiten könnten dann Unternehmen ihre Produkte präsentieren und verkaufen oder Internetnutzer bei Gesellschaftsspielen entspannen. Links würden von ›Türen‹ abgelöst werden, die in den nächsten Raum führten, wo beispielsweise Produktangebote von allen Seiten betrachtet werden könnten« (zitiert nach Fiutak 2007). Angebote wie Google Earth präsentieren bereits Abbilder realer Welträume und erfüllen so traditionelle Ideale der umfassenden Weltvermittlung durch Medien.

Einfluss auf das Mediensystem. Mediensysteme fungieren als Produzenten und Steuerungsinstanzen der gesellschaftlichen Kommunikation. Im Verlauf seiner bisherigen Entwicklung festigte das Internet im bestehenden Medienensemble zunächst seine Position als zusätzliche Plattform für vorhandene Inhalte, ergänzte diese durch eigene Angebote und bietet nun auch vielfältige Verbreitungsmöglichkeiten für von den Nutzern selbst produzierte Inhalte. Dies führt zu Funktionsverschiebungen innerhalb des Mediensystems: Das Internet etablierte sich schrittweise in unterschiedlichen Bereichen wie der aktuellen Informations- und Wissensvermittlung, interaktiver Film- und Unterhaltungsangebote, während sich Hörfunk und Fernsehen als Unterhaltungsmedien und die Printmedien im Bereich der tagesaktuellen Information behaupteten.

Funktionsverschiebungen machten sich auch in Wechselwirkungen von Angeboten der Einzelmedien bemerkbar. Der Begriff Cross-Media-Promotion beschreibt die Strategie von Medienkonzernen, die Mediennutzung zwischen ihren unterschiedlichen Produktbereichen zu transferieren. So bilden Artikel der Kernmarke *Spiegel* die Grundlage der weiteren Verwertung in *Spiegel Online, Spiegel TV* und schließlich als Spiegel-Buch. Im Rahmen dieser Crossmedialisierung sind medienübergreifende Verschränkungen von Formen, Inhalten und ihrer Wirkung erkennbar.

Wechselwirkungen mit dem Internet verändern insbesondere die Fernsehlandschaft. Bisherige Aufteilungen in offene und geschlossene Systeme wie beim Free- und Pay-TV setzen sich mit der Unterscheidung zwischen IPTV und Web TV fort (Breunig 2007, 490). Das Web-TV Angebot umfasst u. a. Lokalsender, Stadt-TV-Sender, eigene Sender von Institutionen, Universitäten, Kirchen, Vereine (etwa Fußballvereine), Automobilunternehmen, Verlage, Nachrichtenagenturen. Grid TV fungiert als Anbieter eines Netzes von Web-TV-Angeboten (Breunig 2007, 484).

IPTV (Internet Protocol TeleVision) gilt als »die digitale auf dem Internetprotokoll basierende Übertragung von audiovisuellen Inhalten auf das Fernsehgerät [...] Die Übertragung erfolgt über eine Set-Top-Box, die in der Regel an ein DSL-Modem angeschlossen ist [...] Im Gegensatz zu Web-TV im offenen Internet wird IPTV über von Netzbetreibern kontrollierte geschlossene IP-Netze angeboten« (Breunig 2006, 478). Die sogenannte »Walled-Garden-Strategie« sieht als Finanzierungsform den Empfang nur für Abonnenten vor (Breunig 2006, 479). Die wichtigsten IPTV-Anbieter in Deutschland sind gleichzeitig auch Kabelnetzbetreiber wie etwa Arcor oder Telekom, die mit Triple-Pay-Paketen sowohl Telefon, Fernsehen und Internet anbieten. Quad-Play-Angebote integrieren auch Handys. Die Anbieter kombinieren in ihren IPTV-Angeboten aus dem Bereich des digitalen Fernsehens bekannte Senderbouquets mit dem Video-on-Demand. Auch öffentlich-rechtliche Sendeanstalten wie ARD und ZDF stellen den Netzbetreibern ihre digitalen Sender zur Verfügung. Web-TV und IPTV tragen zur Ausdifferenzierung der bestehenden Senderlandschaft des Fernsehens bei.

We the Media – individuelle Medienpräsenz im Internet

Aus Sicht des Soziologen Pierre Bourdieu stellen Medien Unterscheidungen für die Bildung gesellschaftlicher Hierarchien durch Mediennutzung bereit (Bourdieu 1998). Einen ähnlichen Ansatz vertritt Georg Franck in seinem Modell der Aufmerksamkeitsökonomie: Nicht mehr das Einkommen ist die Grundlage der gesellschaftlichen Hierarchiebildung, sondern die mediale Aufmerksamkeit, die einer Person zukommt (Franck 1998). Nun bieten sich im Internet u. a. in Communitys und Videoplattformen vielfältige Möglichkeiten der Medienpräsenz und Produktion eigener Inhalte, die andere Medien durch diverse Kontrollinstanzen wie etwa Redaktionen erschweren. An die Seite crossmedialer Bezüge und medienspezifischer Angebote des Internets tritt die Integration bestehender und neu produzierter Bewegtbildinhalte. Viele Producer reproduzieren bestehende Fernsehinhalte und verbreiten parodistische Formen der Medienkritik auf Youtube. So imitieren die Fachhochschüler »Woidboyz« im Bayerischen Wald das MTV-Format »Wild Boys«.

Parallel zur wachsenden Bedeutung des sogenannten User Generated Content steigt in traditionellen Medien wie dem Fernsehen die Bedeutung nicht prominenter Akteure in unterschiedlichen Reality-Formaten. Mit »Big Brother« (RTL II) nutzte das Fernsehen im Jahr 2000 erstmals die Webcam-Ästhetik des Internets und bot normalen Menschen eine Plattform für ihre Selbstdarstellung. Auch Docu-Soaps ähneln in ihrer Präsentation nicht prominenter Menschen in Alltagssituationen dem User Generated Content des Internets. Parallel zu dieser Integration des Alltags in die Medien werden immer mehr Bereiche des menschlichen Alltags im Internet medialisiert. Onlineshopping, E-Banking und Onlinespiele stehen für Entwicklungen der Virtualisierung von Alltagsaktivitäten und -beziehungen im Netz.

Innerhalb der bestehenden Vielfalt des User Generated Content tritt an die Seite des klassischen Journalismus der »Citizen Journalism« durch Menschen ohne journalistische Ausbildung, »die einfach schreiben, was ihnen wichtig ist. Das allerdings tun sie so, dass wir inzwischen mit einiger Ernsthaftigkeit sagen können: Bei größeren Ereignissen im Weltgeschehen spielt der Citizen Journalism eine Rolle, die auch auf die traditionellen Medien rückwirkt« (Meckel 2007, 24). Gerade bei aktuellen Ereignissen wie der Tsunami-Katastrophe 2004 waren es »Beiträge des Citizen Journalism, insbesondere in der globalen Blogosphäre, [die] für die Themensetzungen, für ein globales Agenda Setting gesorgt haben, das sich auch in den traditionellen Medien widergespiegelt hat« (ebd.).

Miriam Meckel bezeichnet die demokratische Form der Inhaltsproduktion als »Peer Production« (ebd.). Sie folge den Gesetzmäßigkeiten der Partizipation (»Jeder kann sich an allen Kommunikationsprozessen beteiligen«), emergenten Vernetzung (»Jeder verändert mit seinem Beitrag Inhalt und Qualität des gesamten Angebots«) und Transparenz (»Jeder Beitrag kann diskutiert werden, in seinen Einzelteilen überprüft, bestätigt oder in Frage gestellt werden«) (ebd.). Doch bleiben neben der Peer Production auch traditionelle Formen der Mediennutzung erhalten, »weil Menschen eben nicht immer ihre eigenen Programmdirektoren und Search Agents sein wollen; weil Menschen sich gerne auf das verlassen, was ihnen als verlässlich bekannt und damit für sie glaubwürdig ist; Menschen brauchen Hilfestellung durch Medien, um die Komplexität ihrer Lebenswelt reduzieren zu können; Menschen wollen miteinander über Dinge reden und können das nur, wenn sie gemeinsame Themen haben und gemeinsame Erlebnisse diskutieren können« (ebd.). Citizen Journalists betonen den Reflexionscharakter kollektiver Angebote und diagnostizieren ein neues Wissensparadigma des Journalismus: »Traditional means of news gathering and dissemination are quickly falling behind the new paradigm [...] We believe news is something that is made not only by a George Bush or a Bill Gates, but more importantly, by people who are allowed to think together. The news is a form of collective thinking. It is the ideas and minds of the people that are changing the world, when they are heard« (Ohmy News, zitiert nach Meckel 2007, 25).

Das Internet als Medium der Wissensgesellschaft

Bereits in der Frühphase der technischen Netzentwicklung zeichneten sich die besonderen Funktionspotenziale des Internets für die Generierung und Verbreitung von Wissen ab. Die Hypertextstruktur erwies sich als Ideal für die thematische Vernetzung unterschiedlicher Publikationen. In der Weiterentwicklung des Webs 2.0 wuchs die Bedeutung kooperativer Produktion von Wissensbeständen. Bereits in den ersten fünf Jahren nach der Gründung von Wikipedia 2001 stieg die Zahl der englischsprachigen Artikel auf über eine Millionen Beiträge (Hornig 2006, 61). Die gemeinsame Reflexion bildet die Grundlage des neuen Modells der »Weisheit der Masse« (Surowiecki 2005).

Die sozialwissenschaftliche Forschung konstatierte enge Wechselwirkungen zwischen ökonomischen Rahmenbedingungen, dem Medienwandel und der Entwicklung der Wissensgesellschaft und diagnostiziert drei zentrale Entwicklungen ökonomischer und gesellschaftlicher Veränderungen (Bell 1975, 32 f., zitiert nach Holtrop/Döpfner/Wirtz 2003, 9):

- »Wissen und Information werden zum Treiber des gesellschaftlichen und ökonomischen Fortschritts,
- der Wertschöpfungsanteil des Dienstleistungssektor weitet sich zu Lasten des industriellen und landwirtschaftlichen Sektors aus,
- es entsteht eine neue Berufsgruppe, deren Teilnehmer sich durch die Tätigkeit in wissensbasierten Industrien auszeichnen.«

Ökonomie, Technik und die Vernetzung von Informations- und Wissensbeständen bilden die Grundlage neuer Gesellschaftsmodelle, die mit Begriffsbildungen wie »Google-Gesellschaft« charakterisiert werden. Sprachen Soziologen angesichts der wachsenden Bedeutung von Hörfunk und Fernsehen in der zweiten Hälfte des letzten Jahrhunderts von einer Informationsgesellschaft, so bilden Angebote wie Suchmaschinen, Datenbanken oder partizipatorisch strukturierte Onlinelexika wie Wikipedia die Grundlage für Diagnosen des Übergangs von der Informations- in die Wissensgesellschaft.

> »Die Informationsgesellschaft ist unter anderem gekennzeichnet durch den fast unbegrenzten Zugang ihrer Mitglieder zu Informationen und Wissensbeständen aller Art. Der Besitz von Informationen ist immer weniger ein Privileg einzelner, etwa der Führung eines Unternehmens oder einer politischen Institution. Das neue Zeitalter demokratisiert somit den Zugang zu Informationen und Wissen. Im Prinzip könnte das gesamte Wissen der Menschheit über das Internet jedermann zugänglich gemacht werden. In dem Maße, in dem dieses Wissen genutzt wird, wandelt sich die Informations- zur Wissensgesellschaft« (Fritz 2001, 58).

Wissenschaftler weisen dem Bereich des elektronischen Wissenserwerbs, dem E-Learning, eine wachsende Bedeutung zu und verweisen dabei auf die vielfältigen Potenziale der Hybridisierung von Spiel- und Wirklichkeitsaneignung in Simulationen (Palm 2004, 130–140). Diese Potenziale resultieren aus Sicht von Norbert Bolz auch in einem Bedeutungsverlust traditioneller Autoritäten wie etwa Wissenschaftlern oder Journalisten (Bolz 2006, 69) zugunsten der Weisheit der Massen (Surowiecki 2005) als Endergebnis der Vernetzung von Wissensbeständen und Reflexionen.

Ökonomische Veränderungen

Das Internet gilt als Grundlage neuer Wirtschaftsformen, die zunächst mit Begriffen wie New Economy beschrieben wurden. Die globale Vernetzung bildet die Grundlage neuer Märkte, in denen kaum Zugangsbarrieren existieren und unabhängig von Zeit- und Raumgrenzen produziert und konsumiert werden kann. Gerade die Unternehmen aus dem Web 2.0 sind mit Konzepten der globalen Kommunikation erfolgreich.

Global agierende Konzerne passen ihre Netznutzung bestehenden langjährigen Erfahrungen im Bereich internationaler Beteiligungen und Produktvermarktung an. Das Internet ist nicht nur zentrales Mittel der Unternehmenskommunikation in der wirtschaftlichen Globalisierung, es fungiert auch als Quelle für Marketinginformationen. Im Internet lassen sich mehr Daten über die Nutzerprofile von Kunden erheben, als es bislang möglich war. Genaue Konsumgewohnheiten lassen sich für an das Individuum gerichtete Werbung wieder verwerten. In 3-D-Umgebungen wie Second Life werden neben etablierten Produkten auch virtuelle Güter wie etwa Kleidung für Avatare und Dienstleistungen angeboten.

Neben der allgemeinen Ökonomie veränderten sich auch Medienmärkte: In der durch internationale Konzentrationsbildung entstandenen Globalisierung der Medienkonzerne lösen seit den 1990er Jahren ökonomische Planungsfaktoren schrittweise traditionelle, regional begrenzte, publizistische Zielsetzungen ab (Jarren/Meier 2001). Das Kerngeschäft der Medienindustrie konzentriert sich »auf die systematische Vermarktung von Erlebnissen und Erfahrungen (entertainment and experience economy)« (Jarren/Meier 2001, 154). Sendungsformate wie »Deutschland sucht den Superstar« werden in unterschiedlichen Unternehmensbereichen vermarktet (siehe Köhler/Hess 2004, 30–37) und auf globalen Märkten in unterschiedliche Medienkulturen verkauft. Als Alternativen zu diesen Vermarktungsformen medialer Unterhaltungsangebote entstanden im Internet mit Tauschbörsen wie Napster userorientierte Verbreitungswege. Unternehmen der Unterhaltungsindustrie integrierten Tauschbörsen in ihre Vermarktungsketten (Renner 2004, 151).

Da die Auffindbarkeit der eigenen Produkte die entscheidende Grundlage für ihre Vermarktung ist, bilden Suchmaschinen für die Auffindbarkeit von Webinhalten eine Schlüsselrolle in der Aufmerksamkeitsökonomie. Suchmaschinen wie Google verbessern die Auffindbarkeit durch den Verkauf von Listenplätzen und den gezielt an den Nutzerinteressen ausgerichteten Werbeanzeigen.

Digitale Kultur

Das Internet realisiert bisherige kulturhistorische Modelle virtueller Welten (Palm 2004, 12 ff.). Die digitale Kultur wird als Fusion unterschiedlicher Medien und Kulturbereiche auf Grundlage einer einheitlichen digitalen Speicherung beschrieben. Ein Kennzeichen der digitalen Kultur ist die Auflösung des bisherigen Zeichen-Referenz-Systems. Durch die Konstruktion der Zeichen in der Digitalisierung geht die traditionelle Abbildfunktion verloren, es kommt zum freien Spiel möglicher Bedeutungen und Realitätsbezüge. So verzichten die Machinima-Filme auf Schauspieler und reale Settings zugunsten von Avataren und den Bildwelten etablierter Onlinespiele.

Das Internet schließt an bisherige Formen der Veränderung von Kultur durch die Medien an, in der Angebot und Wirkung in einem symbiotischen Wechselverhältnis stehen. So ist eine umfassende »Linkstruktur«, eine wachsende Vernetzung zwischen den Kulturbereichen auffällig. Das Theater verwendet Film- und Fernsehaufnahmen als Teil von Inszenierungen, die bildende Kunst widmet sich der Fernsehästhetik, Filme und Fernsehfilme wiederum bedienen sich literarischer Stoffe. Das Internet schafft in seinen Onlinespielen vielfältige Symbiosen aus Film, Fantasyliteratur und Computerspielen (siehe dazu Kapitel 4). Henry Jenkins beschreibt diese Wechselwirkungen mit dem Begriff »Convergence Culture«. Als besonders typische Erscheinungsform nennt er Youtube: »Youtube is symptomatic of a changing media environment, but it is one where the practices and identities associated with cultural production and consumption, commercial and non-commercial enterprise, and professionalism and amateurism interact and converge in new ways« (Burgess/Green 2009, 90). Uricchio verweist darauf, dass sich Youtube geschickt im Zentrum gesellschaftlicher und kultureller Bedeutung platziert habe: »Youtube seems to have adroitly taken on the broader space where social meaning and cultural value take form« (Uricchio 2009, 35)

Nutzertypologie des Internets

Es existieren unterschiedliche Versuche, die Netznutzung zu kategorisieren. Bei der ersten Repräsentativerhebung der ARD-Onlinestudie 1997 nutzten bundesweit erst 6,5 % der Erwachsenen das Internet (Projektgruppe ARD/ZDF-Multimedia 2007, 2). Der damalige »›Internet-Pionier‹ war 20 bis 39 Jahre alt, berufstätig und formal hoch gebildet. Er nutzte das Internet stark zweck- und wenig unterhaltungsorientiert. Für ihn war es primär ein Instrument, das Kommunikation und Informationsbeschaffung extrem erleichterte« (ebd.). Schon im Jahr 2006 waren 60 % der Nutzer ab 14 Jahren online, »eine in der Geschichte der Medien beispiellose Wachstumsdynamik« (ebd., 1). Dabei wird jedoch auch ein gesellschaftlicher Druck erkennbar, der in der Furcht resultiert, ohne Internet von wichtigen Entwicklungen ausgeschlossen zu sein (ebd., 3). Diese Befürchtung bildet eines der zentralen Motive für die Internetnutzung der Senioren, die auch als »Silver Surfer« bezeichnet werden (ebd., 4). Ihr Interesse gilt jedoch nach Ansicht der Kommunikationswissenschaftler zielgruppenspezifischen Angeboten wie »Ratgeber- und Freizeitinformationen, Senioren-Netzwerken, Gesundheitsseiten« (ebd.). Der Anteil von Frauen an der Nutzergemeinschaft ist seit den 1990er Jahren kontinuierlich gestiegen. Kommunikationswissenschaftler betonen geschlechtsspezifische Nutzungsmuster: »Frauen verbringen weniger Zeit mit surfen, sind zurückhaltender beim Download und bei multimedialen Anwendungen, dagegen aktiver bei Kultur-, Service- und Freizeitthemen wie auch bei Chats und Foren« (ebd., 5). Bei allen Nutzern sei eine Tendenz zur Habitualisierung erkennbar, so etwa in der Nutzung von »Lieblings-Websites« (ebd., 10).

Anhand ihrer empirischen Erhebungen differenzierten Kommunikationswissenschaftler zwischen verschiedenen Nutzungstypen. Grundlegend ist dabei zunächst die Unterscheidung zwischen aktiv-dynamischen und selektiv-zurückhaltenden Nutzern (ebd., 12). Innerhalb dieser Gruppen werden mit jungen Hyperaktiven, jungen Flaneuren, E-Consumern, routinierten Infonutzern, eher vorsichtig agierenden Selektivnutzern und Randnutzern weitere Untergruppen gebildet (ebd., 12 f.). Je nach Interneterfahrung wechseln viele Nutzer von den eher passiven zu den eher aktiv orientierten Typen (ebd.).

Die Jahrtausendwende markiert den Beginn der vorrangigen Nutzung internetspezifischer Angebote: »Online-Shopping, Online-Auktionen, erhöhte Markttransparenz durch Preisvergleiche im Netz, Kontaktbörsen etc.« (ebd., 3). Gleichzeitig etablierte sich das Internet im Zentrum des Mediensystems. Die Nutzung des Internets als »all-in-one«-Medium ist besonders bei den Jugendlichen stark verbreitet, was zu einem Rückgang der Nutzung des traditionellen Fernsehens führt (ebd., 11). »Insgesamt nutzen Jugendliche das Internet in vielen Bereichen intensiver als alle anderen Onliner: Kommunikation und Austausch mit anderen, Computerspiele, Nutzung von Audio- und Videofiles ebenso wie Radio- und TV-Sendungen im Livestream« (ebd.). Der Begriff Web 2.0 kennzeichnet aus Sicht der Wissenschaftler »ein einfach zu bedienendes ›Internet zum Mitmachen‹« (ebd., 18). Jedoch verweist der amerikanische Ethnologe Mike

Wesch am Beispiel von Youtube einschränkend auf die »90-9-1«-Regel. »90 percent of online audiences never interact, nine percent interact only occasionally, and one percent do most interacting, ordinary Youtube users hardly see themselves as part of a larger community« (Snickars/ Vonderau 2009, 12).

Nutzerbezeichnungen wie Chatter, Spieler, Informationsjunkies, Shopper signalisieren das Interesse an spezifischen Angeboten. Katja Riefler beschreibt das unterschiedliche Informationsverhalten von Onlinenutzern. Die Gruppe »Informationsmanager« suche schnell und gezielt Informationen in Datenbanken. Sie lege keinen Wert auf unterhaltende Elemente und lehnt Werbung ab. Auch »Zeitknappe Nutzer« seien an maßgeschneiderter Fachinformation interessiert. Sie suchen schnellen Zugang zu Wissen, akkurate und ihren Interessen angepassten Resultate. Häufig junge »PC Freaks« suchen nach Unterhaltung und Abenteuer und sind stark an Interaktion interessiert (Chat, News, Spiele, MUDs). »Unterhaltungsorientierte« erwarten »medienreiche«, »multimediale« Inhalte (Riefler 1997, 56). Insgesamt etablierte sich das Internet nicht nur als mediales Zentrum der Gesellschaft, der Ökonomie, des Mediensystems, sondern auch in der Lebenswelt der Nutzer. Dabei bestimmen die Besonderheiten der technischen Vernetzung, die aus ihr resultierende Angebotsvielfalt und Kommunikationsmöglichkeiten auch Nutzungs- und Wirkungsformen. Das Internet wird von vielen Nutzern weniger als bloßer medialer Lieferant von Unterhaltung und Information verstanden, sondern als integraler Teil des Alltagslebens sowohl im Beruf als auch in der Freizeit genutzt. Der in der Theoriebildung abstrakt erscheinende Raum des Cyberspace ist für viele Nutzer zum konkreten virtuellen Lebensraum geworden. Immer mehr Bereiche des menschlichen Alltags werden im Internet medialisiert: telefonieren, Tagebuch führen, Onlineshopping, E-Banking, Onlineverwaltung und Stimmabgabe bei Wahlen. Netzspezifische interaktive Formen des Alltagslebens werden mit ökonomischer Vermarktung verknüpft. So ermöglicht die spezifische Rezeptionssituation des individuellen Abrufens von Webseiten individuelle Preisverhandlungen zwischen Anbietern und Kunden im elektronischen Handel.

Insgesamt hat sich das Internet als wesentlicher Bestandteil im Alltags- und Berufsleben der Nutzer etabliert (ebd., 22). Doch werden seit 1999 in einer Komplementärstudie auch die Nichtnutzer und ihre Motive erfasst.

»Offline sind nach wie vor hauptsächlich Frauen (48 %) und die Ab-60-Jährigen (80 %). Bei letzteren findet sich ein relativ hoher Anteil der formal geringer Gebildeten mit Volksschul- bzw. Hauptschul-

> Abschluss (63 %) sowie der Nichtberufstätigen/Rentner (72 %)« (Projektgruppe ARD/ZDF-Multimedia 2007, 22).

Die Projektgruppe ARD/ZDF-Multimedia entwickelte auch für die Nichtnutzer eine eigene Typologie aus Ablehnenden, Desinteressierten, Distanzierten, Erfahrenen und Nutzungsplanern, die sich immerhin an der Schwelle zur Internetnutzung befinden (ebd., 23). Mit der sich weiter steigernden Angebotsvielfalt kann jedoch auch die Motivation für die Onlinenutzung wachsen.

Potenziale der virtuellen Identitätskonstruktion

Das Internet bildet auch die Grundlage neuer Möglichkeiten der Identitätskonstruktion. Es erweiterte bisherige Formen medialer Kommunikation hin zu vielfältigen offenen Formen, in denen Nutzer beispielsweise einen virtuellen Avatarkörper konstruieren und so mit ihren Identitäten spielen. In Anlehnung an Identitätstheorien wie etwa das »Working Self-Concept« (Marcus/Wurf 1987) lassen sich situationsbedingte Identitätskonstruktionen im Netz beobachten. Das Working Self-Concept geht von einer aktiven und sich verändernden Identitätskonstruktion aus, die auch die Mediennutzung einbezieht. Die amerikanische Psychologin Sherry Turkle (1995) untersuchte spielerische Formen der Identitätskonstruktion, die auf der interaktiven Nutzung und der Anonymität der Kommunikationspartner basieren. Chats, Blogs und virtuelle Parallelwelten wie »Second Life« werden als Instrumente des Identitäts-Managements (Schmidt 2006) oder als Bühne wechselnder Identitätsdarstellungen benutzt.

Die Anonymität der Kommunikation ist ein wichtiger Faktor dieser verschiedenen Formen von Identitätsbildung. Anonymisierung lässt sich etwa durch die Wahl von Nicknames als Spitznamen selbst herstellen. Sie sind notwendig, um als identifizierbarer Gesprächspartner an Chats teilzunehmen. Sie sind gleichzeitig ein zentrales Element der Selbstinszenierung von Identitäten. Auswahlkriterien für Nicknames liegen in spezifischen Interessen, Hobbys und Idolen, sie werden aber auch als Provokation oder Ironie genutzt (Wetzstein/Dahm/Steinmetz 1995, 81). Heike Gallery diagnostiziert eine zunehmende

> »Auflösung von Anonymität in der Errichtung sogenannter Chatwelten. Der Chat dient nicht mehr nur als synchrones Kommunikationsmedium, sondern baut durch seine verschiedenen Foren eine virtuelle

Umgebung auf, die hochgradig rekurrent erscheint […] Mittels solcher Welten wird schon durch den Chatbetreiber ein Gemeinschaftsgefühl zwischen den Chattern forciert« (Gallery 2000, 83).

Dieses Gemeinschaftsgefühl der Chatter erweitert sich in neuen Angeboten wie den virtuellen Tagebüchern zur Blogosphäre miteinander vernetzter Texte.

Gesellschaftliche Probleme: Digital Divide

Mediale Funktionspotenziale sind eng mit Risiken und problematischen Entwicklungen und Wirkungen verbunden. Das Internet beeinflusst bestehende Gesellschaftsmodelle und Hierarchiebildungen unabhängig von Ländergrenzen. Die Vorstellung einer medial konstruierten Weltgesellschaft verdeutlicht der Begriff Globalisierung. Kritiker verweisen jedoch auf die Ausgrenzung der weniger entwickelten Länder der Dritten Welt von der globalen politischen und wirtschaftlichen Kommunikation durch den Mangel an notwendiger Infrastruktur wie etwa leistungsfähigen Rechnern oder Datenleitungen. Es entstehen neue Hierarchien zwischen armen und reichen Ländern durch das Phänomen der sogenannten digitalen Spaltung, des Digital Divide.

Die Diagnose der digitalen Spaltung bezieht sich auch auf nationale Aspekte der Internetwirkung. Statt der traditionellen Hierarchiebildung durch Einkommen wird in westlichen Gesellschaften zunehmend Medienkompetenz zum entscheidenden Kriterium sozialer Zugehörigkeit. Der kompetente Umgang mit medial vermittelten Informationsbeständen ist eine zentrale Grundlage beruflichen Erfolgs und damit eine Voraussetzung für gesellschaftlichen Aufstieg. Letztlich, so prognostiziert die Digital-Divide-Theorie, teile sich die Gesellschaft künftig in eine Informationselite, die das Internet als Lieferant von Informationen nutzen kann, und ein Informationsproletariat, das entweder nicht ans Internet angeschlossen ist oder Netzangebote nur als Unterhaltung nutzt. In diesem Modell wird die Nutzung medialer Wissenspotenziale zum maßgeblichen Kriterium der gesellschaftlichen Hierarchiebildung.

Konflikt- und Problempotenziale des Internets

Im Internet organisierte Flashmobs, aber auch Welten wie Second Life markieren vielfältige Überschneidungen zwischen virtueller und realer Welt. Insbesondere die globale Reichweite des Internets und die individuelle Existenz des Nutzers bilden ein spannungsvolles Wechselverhältnis. Manuel Castells konstatiert in einem Interview einen zentralen Konflikt: »Ich beschreibe den Gegensatz zwischen dem Netz und dem Ich. Auf der einen Seite gibt es das globale Netz auf der anderen Seite die lokale oder persönliche Identität. Diese Identitäten weigern sich einfach zu verschwinden. Sie bilden, im Namen von unterschiedlichen Werten, Widerlager – und zwar in dem Maße, wie diese Identitäten entwertet oder marginalisiert werden. Nach dem Motto: Wenn ich in deinem globalen kapitalistischen Netz keinen Platz habe, dann werde ich mein eigenes Netzwerk auf der Macht Gottes gründen« (Castells 2001, 54). Das Zusammenspiel aus religiöser und terroristischer Netzwerkbildung zählt zu den besonderen Gefahrenpotenzialen des Internets.

Ein Rückblick in die bisherige Kultur- und Mediengeschichte zeigt, dass sich immer die gleichen Ängste und Verdachtsmomente hinsichtlich der Gefahrenpotenziale an die jeweils neuen Medien richteten. Wirklichkeitsverlust, Suchtverhalten, Manipulation durch Wirtschaft und Politik und der Missbrauch des Mediums für Copyrightverletzungen, den Handel mit Nutzerdaten oder kriminelle Aktivitäten bilden dabei zentrale Motive und die Argumentationsschwerpunkte kritischer Diskurse. Die Vernetzung von Texten, Bildern und Daten stellt das Herausgeberrecht vor neue Herausforderungen. Die Interessen am Schutz des geistigen Eigentums stehen vielfältigen Nutzungsinteressen gegenüber. Der »Digital Millenium Copyright Act« (DMCA) etwa wird für seine Nutzungsrestriktionen kritisiert. (Palm 2004, 166) Hinsichtlich der Datensicherheit warnt Goedert Palm, dass Google mehr über die Nutzer wisse, als diese »über die google-isierte Welt. Während wir noch suchen, hat Google längst gefunden, was die Welt im Innersten zusammenhält und entzweit: Uns« (ebd., 172).

Die globale Reichweite des Internets potenziert seine Gefährdungspotenziale im Vergleich zu bisherigen Medien wie dem Fernsehen. Diese spezifischen Gefährdungspotenziale werden vor allem für die Bereiche Wirtschaftskriminalität und internationaler Terrorismus diagnostiziert. Ängste hinsichtlich dieser literarisch beschriebenen und weiterer Gefährdungspotenziale des Internets lösen einen Regulierungsbedarf aus. Institutionen der Selbstkontrolle sollen die Netzsicherheit des Internets gewährleisten und gleichzeitig eine globale Kontrolle verhindern. Doch verlangen Kritiker weiterhin eine demokratische Kontrolle von Internetmonopolen. »Längst stellt sich die Frage, ob eine Suchmaschine wie Google, die de facto das Netzwissen universalisiert, nicht demokratisiert und von repräsentativen gesellschaftlichen Gruppen kontrolliert werden müsste« (ebd., 167).

Herausforderungen an die Medienethik

Die Komplexität und globale Reichweite des Internets bildet neue Herausforderungen an die Medienethik. Raffael Capuro sieht das Internet als Teil der bislang letzten von drei kulturhistorischen Phasen der Globalisierung, nämlich der metaphysischen, terrestrischen und digitalen Globalisierung.

»Die dritte Globalisierung schließlich ist die digitale. Sie hat ihre Vorläufer im Spätmittelalter (Raimundus Lull, Nikolaus von Kues) und in der frühen Neuzeit (Pascal, Leibniz), bis sie schließlich im 20. Jahrhundert in Form eines globalen und digitalen Netzes jene raum-zeitlichen Grenzen aufhebt, welche die terrestrische Sphäre kennzeichneten [...] Wir sind immer schon innerhalb von Bedeutungs- und Verweisungszusammenhängen eingebettet, die wir miteinander teilen. Es macht das Besondere des Im-Netz-Seins aus, dass bestehende geographische oder kulturelle Grenzen überschritten werden. Dabei entsteht eine neue Form von alltäglicher Vertrautheit, die auf dem digital-vernetzten Miteinandersein basiert und sich (relativ) unabhängig vom gewöhnlichen raum-zeitlichen Leben vollzieht, wenngleich diese Vollzüge ebenso sehr in der Weltoffenheit gründen. Damit haben wir eine ethische Doppelbewegung, nämlich das Überschreiten der alltäglichen Umwelt im Cyberspace und die Resituierung der ort- und zeitlosen Netzerfahrung im Hinblick auf die leiblichen zeit- und ortsabhängigen Bedürfnisse.«

Capuro betont die Bedeutung eigener ethischer Maßstäbe für die virtuelle Welt des Internets.

Die globale Reichweite von Datenbanken, Onlineangeboten, Konsum- und Kommunikationsmöglichkeiten und Sozialgemeinschaften führt zu einem Kontroll- und Regulierungsbedarf, der von einer Diskussion möglicher ethischer Maßstäbe begleitet wird. Medienberichte über Erscheinungsformen der Internetkriminalität erhöhen die Kontrollanforderungen. Da eine globale Regulierung sich nicht medienrechtlich durchsetzen ließ, obliegt die Kontrolle des Internets den unterschiedlichen Staaten, was etwa in China auch zu Zensurmaßnahmen führt.

Fazit

Trotz dieser rechtlichen und ethischen Probleme ist das Internet aus der individuellen und gesellschaftlichen Wirklichkeit nicht mehr wegzudenken. Grundlage seiner Breitenwirkung sind seine medialen Charakteristika wie etwa die Vernetzung, die Verknüpfung von Inhalten und Kommunikation, die Interaktivität, Dieser Band stellte das Medium Internet, seine Geschichte, seine Technik, seine Angebotsformen und seine Wirkungspotenziale aus der Perspektive des frühen 21. Jahrhunderts dar. Dabei erwies sich das Internet als ein flexibles Medium, das schnelle Entwicklungen und Veränderungen durchläuft (Kamps 2006). Auch weiterhin befinden sich die ökonomischen und gesellschaftlichen Rahmenbedingungen, die technische Entwicklung, die Netzangebote, ihr Erscheinungsbild und ihre Nutzung in einem kontinuierlichen Wandlungsprozess. Dies erfordert auch künftig eine kontinuierliche Beobachtung seiner Angebotsentwicklung und seiner Wirkung.

Literatur

Palm, Goedart (2004): CyberMedienWirklichkeit. Virtuelle Welterschließungen. Hannover.

Surowiecki, James (2005): Die Weisheit der Vielen. Warum Gruppen klüger sind als Einzelne und wie wir das kollektive Wissen für unser wirtschaftliches, soziales und politisches Handeln nützen können. München.

Anhang

Zeittafel

1945	1945 veröffentlicht Vannevar Bush »As We May Think« im *Atlantic Monthly* und stellt das Memexmodell einer elektronischen Datenspeicherung und -vermittlung vor.
1952	Gründung des CERN (Conseil Européen pour la Recherche Nucléaire) mit 12 Mitgliedsstaaten in Genf.
1957	Die UdSSR startet den ersten Satelliten SPUTNIK in eine Weltumlaufbahn. Die USA müssen militärisch reagieren und gründen die ARPA (Advanced Research Projects Agency), die in das Verteidigungsministerium integriert ist. Die Aufgabe der ARPA ist, neue Technologien im Bereich Kommunikation und Datenübertragung zu entwickeln, um den USA einen technischen Vorsprung gegenüber der UdSSR zu verschaffen.
1963	Douglas Engelbart (ARPA IPTO) entwickelt Dokumentationssystem »oN Line System« (NLS), um Dokumente gleichzeitig auf dem Bildschirm darstellen, speichern und suchen zu können.
1964	Paul Baran (RAND Corporation) betreibt Studien zum dezentralisierten Netzwerk ohne Zentralcomputer.
1965	Ted Nelson prägt den Begriff »Hypertext«.
1968	In Europa interessiert man sich für das Internet. Derek Barber übernimmt die Leitung eines neu gegründeten Projektes zum Aufbau eines European Informatics Network (EIN).
1969	Das Unternehmen BBN entwickelt an unterschiedlichen Standorten das IMP-Netzwerk als Basis des ARPAnet. Dieses Netzwerk bildet die Kerneinheit des heutigen Internets. *29.10.* Der erste Kommunikationsvorgang zwischen einem UCLA-Computer und dem IMP II Rechner am Stanford Research Institute findet statt, um die Buchstaben LOG (für ›Login‹) zu vermitteln.
1970	Verbindung zwischen der West- und Ostküste der USA. Die Hosts des ARPANET benutzen das NCP (Network Control Protocol). Es ist das erste Host to Host Protocol.
1971	Ray Tomlinson von der Firma BBN erfindet das E-Mail-Programm. Er kann kurze Nachrichten über das Netz schicken.

1972 Die Leiter europäischer und amerikanischer Vernetzungsprojekte schließen sich mit dem Ziel verbesserter Koordination zur International Network Working Group (INWG) zusammen.

1973 Bob Metcalfe in Harvard bringt die erste Idee für das ETHERNET. Das Konzept wurde auf XEROX PARC's ALTO Computern getestet und das erste ETHERNET-Netzwerk wurde »Alto Aloha System« getauft.

1974 Durch das Transmission Control Protocol (TCP) als einheitlicher Vernetzungssoftware wird die internationale Kommunikation ermöglicht und beschleunigt.

1975 Das Management des Internets wird an die DCA (heute die DISA) übergeben.

1976 Die englische Königin Elizabeth schickt aus den USA an ihre Bürger die erste E-Mail durch das Netz und informiert sie über die Verbindung des englischen mit dem amerikanischen Netzwerk.

1977 Apple Computer Inc. stellt mit dem beginnenden Verkauf preisgünstiger Mikrocomputer die für die Internetnutzung erforderlichen Empfangsgeräte bereit.

1978 Das Protokoll TCP wird gesplittet in TCP und IP.

1979 Das Usenet (Netzwerk von Diskussionsforen) wird als Verbindung zweier Unix-Rechner gegründet. Erschaffer sind Tom Truscott, Jim Ellis und Steve Bellovin. Sämtliche Gruppen werden unter der Hirarchie net. eingetragen.

1980 Der WWW-Konstrukteur Tim Berners-Lee entwickelt bei der Firma D.G. Nash Ltd. Mikroprozessorsoftware, um »einen abstrakten Informationsraum aufzubauen«.

1982 DCA und ARPA etablieren das TCP (Transmission Control Protocol) und das IP (Internet Protocol) als den Protokollstandard für das ARPANET, bekannt als TCP/IP. Dies war die erste festgelegte Definition für das INTERNET als eine Gruppe von Netzwerken, die speziell dieses Protokoll verwenden. Das DoD der USA deklarierte TCP/IP zum Standard für DoD.

Das EUnet entsteht (European UNIX Network). Geschaffen von EUUG um EMAIL und USENET-Service anzubieten. Die ersten Verbindungen waren zwischen Holland, Dänemark, Schweden und England.

1983 Das ARPANET löst sich mit seinem eigenen Netzwerk MILNET endgültig von bisherigen Kooperationen, so dass nun Unternehmen und wissenschaftliche Einrichtungen gemeinsam das zivile Internet betreiben. Deutschland (Stuttgart) und Korea kommen ins Netz.

1984 Das Namenssystem für Domainen (DNS) wird eingeführt.

1987 Die Anzahl der Hosts (Computersystem mit registrierter IP-Adresse) übersteigt 10.000.

1988 *2.11.* Der Virus »Internet Worm« jagt durch das Internet. 6.000 der mittlerweile 60.000 Hosts werden infiziert.

1989 Die Anzahl der Hosts im Netz bricht die Schallmauer von 100.000.

1990 Das ARPANET hört auf zu existieren.

1991 Das WORLD WIDE WEB (WWW) geht über CERN ins Netz. Entwickler und Erfinder ist Tim Berners-Lee.

Das an der Universität von Minnesota entwickelte Informationssystem GOPHER stellt durch eine grafische Menüführung eine komfortable Navigation durch die Datenbestände des Netzes bereit.

1992 Die Weltbank geht Online.

Die ISOC (Internet Society) wird gegründet.

Die Anzahl der Hosts im Internet übersteigt 1.000.000.

Die Universität von Nevada bringt mit »Veronica« die erste Suchmaschine, heraus.

1993 Die UNO (United Nations Organisation) geht ins Internet.

1994 *25.10* Die Zeitschrift *Der Spiegel* stellt nach einer einjährigen Experimentierphase auf der Frankfurter Buchmesse seinen ersten öffentlichen Onlineauftritt vor.

Die ersten Onlinegeschäfte tauchen im Internet auf.

Radiostationen senden jetzt durch Programmwiederholungen im Internet rund um die Uhr: WXYC an der Universität von NC, WJHK an der Universität von KS-Lawrence und KUGS an der Western WA Universität.

1995 *23.05.* SUN bringt die Sprache JAVA heraus.

Real-Audio-Technologie lässt das Netz nahezu in Echtzeit Musik hören.

14.09. Die Registrierung von »Domain-Namen« wird kostenpflichtig. Ab sofort muss eine Jahresgebühr von 50 US-Dollar gezahlt werden, die von der NSF subventioniert wurde. Bis heute zahlt die NSF die Gebühren für die Registrierung von.edu und nach Absprache für.gov.

Der Vatikan geht Online.

Technologie des Jahres: das WWW, und die Suchmaschinen.

1996 Der Krieg der WWW-Browser, der hauptsächlich zwischen Netscape und Microsoft tobt, bringt eine neue Ära in der Softwareentwicklung. Neue Programmversionen erscheinen alle 3 Monate und werden in so genannten BETA-Versionen von einer breiten Masse getestet.

1997 John Barger richtet ein Web-Logbuch ein, um seine Internetaktivitäten zu dokumentieren. Ihm wird die Urheberschaft für den Begriff »Weblog« zugeschrieben.

Die Informatikstudenten Larry Page und Sergey Brin entwickeln an der Stanford University in Palo Alto, Kalifornien, den Algorithmus, der der Suchmaschine Google zugrunde liegt.

1999 *22.02.* Die erste Onlinebank, die First Internet Bank of Indiana, nimmt ihren Geschäftsbetrieb auf.

2000 Die US-Zeitüberwachung (USNO) und einige weiteren Zeit-Service-Firmen in der Welt formatieren das neue Jahr so: 01. Januar 19100.

Das Internet 2 erhält eine eigene zentrale Datenleitung, so dass sich 2002 ca. 200 Universitäten am wissenschaftlichen Datenaustausch beteiligen können.

Herausragende Technologien des Jahres: Wireless devices, IPv6.

2001 *23.11.* Die Internetunternehmer Jimmi Wales und Larry Sanger gehen mit ihrem der interaktiven Netznutzung angepasstem Lexikon WIKIPEDIA online.

2002 Das Unternehmen Universal bietet mit popfile.de das erste kommerzielle Downloadangebot an

2004 Der ehemalige MTV-Moderator Adam Curry entwickelt ein eigenes kleines Programm, das nach MP 3-Dateien sucht und diese für den mobilen Empfang laden kann. Für dieses Verfahren wählt Curry den Begriff »podcasting«.

2005 *22.5.* Der Amerikaner Steven Chen sendet ein Video seiner springenden Hauskatze Pajamas im Internet und signalisiert so das Interesse an Bildbeiträgen aus dem privaten Lebensumfeld. Die Erfolgsstory von YOUTUBE beginnt.

2006 Bundesweit sind 60 % der ab 14-Jährigen online.

Hansenet offeriert mit Alice Home TV das erste IPTV-Angebot in Deutschland.

2007 TWITTER gewinnt den »South by Southwest Web Award« in der Kategorie Blogs. Die Spam-Quote bei Emails erreicht 90 %.

2008 Google hat mittlerweile 1 Billion Seiten in den Suchindex aufgenommen.

2009 SECOND LIFE, die Plattform zur virtuellen Begegnung, führt eine Altersverifikation für bestimmte Bereiche ihres Angebots ein.

2010 *05.02.* FACEBOOK hat laut eigenen Angaben 400 Millionen Nutzer weltweit. Weltweit soll es ca. 200 Millionen Weblogs geben.

Literatur

Ascott, Roy: Der Geist des Museums, in: telepolis, 9.12.1996: http://www.heise.de/tp/r4/artikel/6/6077/2.html, Absatz 2.

Barlow, John Perry (1995): Unabhängigkeitserklärung des Cyberspace. In: Stefan Bollmann (Hrsg.): Kursbuch Internet: Anschlüsse an Wirtschaft und Politik, Wissenschaft und Kultur. Mannheim. S. 111–118.

Beilenhoff, Wolfgang/Martin Heller (1995): Kartografie des Populären. Eine Einführung. In: Dies. (Hrsg.): Das Filmplakat. Ausstellung im Museum für Gestaltung Zürich vom 8. März bis 30. April 1995. Zürich. S. 30–59.

Beißwenger, Michael (2001): Einleitung. In: Ders. (Hrsg.): Chat-Kommunikation. Sprache, Interaktion, Sozialität & Identität in synchroner computervermittelter Kommunikation. Perspektiven auf ein interdisziplinäres Forschungsfeld. Stuttgart. S. IX–XVI.

Berners-Lee, Tim (1999): Der Web-Report. Der Schöpfer des World Wide Webs über das grenzenlose Potential des Internets. München.

Bleicher, Joan Kristin (1999): Fernsehen als Mythos. Poetik eines narrativen Erkenntnissystems. Opladen.

Bloom, Howard (2000): Das artenübergreifende Gehirn. Die Geschichte des globalen Gehirns XX. In: telepolis 20.4.2000. www.heise.de/tp/.

Bolter, J. David/Richard Grusin (2003): Remediation: understanding new media. Cambridge, Mass.

Bolz, Norbert (2006): Exhibitionismus leichtgemacht. In: Der Spiegel H. 29 vom 17.7.2006, S. 68

Bordewijk, J. L./B. V. Kaam (2003), Towards a new classification of tele-information services. In: Noah Wardrip-Fruin/Nick Montfort: The New Media Reader. Cambridge, London. O. S.

Bourdieu, Pierre (1998): Über das Fernsehen. Frankfurt am Main.

Breunig, Christian (2007): IPTV und Web-TV im digitalen Fernsehmarkt. Fernsehen und Internet rücken weiter zusammen. In: Media Perspektiven H. 10. S. 478–491.

Broeren, Jost (2009): Digital Attractions: Reloading Early Cinema in Online Video Collections. Kap. 4/5. In: Patrick Vonderau/Pelle Snickars (Hrsg.): The YouTubeReader. Stockholm. S. 154–165.

Bucher, Hans-Jürgen (2002): Am Ende der journalistischen Schriftkultur? In: Michael Haller (Hrsg.): Die Kultur der Medien. Untersuchungen zum Rollen- und Funktionswandel des Kulturjournalismus in der Mediengesellschaft. Hamburg,/Münster. S. 141–174.

Bucher, Hans-Jürgen (2001): Wie interaktiv sind die neuen Medien? In: Hans-Jürgen Bucher/Ulrich Püschel (Hrsg.): Die Zeitung zwischen Print und Digitalisierung. Wiesbaden. S. 139–172.

Bucher, Hans-Jürgen (2000): Publizistische Qualität im Internet. Rezeptionsforschung für die Praxis. In: Klaus-Dieter Altmeppen/Hans-Jürgen Bucher/Martin Löffelholz: Online-Journalismus. Wiesbaden. S. 153–172.

Bucher, Hans-Jürgen (1999): Die Zeitung als Hypertext. Verstehensprobleme und Gestaltungsprinzipien für Online-Zeitungen. In: Henning Lobin (Hrsg.): Text im digitalen Medium: Linguistische Aspekte von Textdesign, Texttechnologie und Hypertext-Engineering. Wiesbaden. S. 9–32.

Bukatman, Scott (1993): Terminal Identity. The Virtual Subject in Postmodern Science Fiction. Durham.

Burckhardt, Martin (1994): Metamorphosen von Raum und Zeit. Eine Geschichte der Wahrnehmung. Frankfurt am Main. S. 292.

Burgess, Jean/Joshua Green (2009): YouTube: online video and participatory culture. Cambridge.

Bush, Vannevar (1945): As We May Think. In: The Atlantic Monthly Jg. 176, H. 1. S. 101–108. <www.theatlantic.com/unbound/flashbks/computer/bushf.htm> (abgerufen: 15. August 2003)

Capurro, Rafael (2003): Ansätze zur Begründung einer Netzethik. In: Klaas Huizing/Horst F. Rupp (Hrsg.): Medientheorie und Medientheologie. Münster. S. 122–137. Auch verfügbar unter: <http://www.capurro.de/netzethik.html> (Abruf: 23.1.2009)

Castells, Manuel (2001): Der Aufstieg der Netzwerkgesellschaft. Opladen.

Döring, Nicola (2001): Sozialpsychologische Chat-Forschung: Methoden, Theorien, Befunde. In: Michael Beißwenger (Hrsg.): Chat-Kommunikation. Sprache, Interaktion, Sozialität & Identität in synchroner computervermittelter Kommunikation. Perspektiven auf ein interdisziplinäres Forschungsfeld. Stuttgart. S. 141–186.

Ehling, Holger (2000): Elektrosmog im Blätterwald. In: Heide Baumann/Clemens Schwender (Hrsg.): Kursbuch Neue Medien 2000. Ein Reality Check. Stuttgart, München. S. 25–32.

Fabo, Sabine (2000): Born to be wired. Anmerkungen zur Sichtbarkeit von Netzwerken. In: Angela Krewani (Hrsg.): Artefakte. Artefiktionen. Transformationsprozesse zeitgenössischer Literaturen, Medien, Künste, Architekturen. Heidelberg. S. 272.

Faßler, Manfred (1999): Cyber-Moderne. Medienevolution, globale Netzwerke und die Künste der Kommunikation. Wien/New York.

Fiutak, Martin (2007): 3D-Internet ist der nächste Umbruch. Dreidimensionale Internetseiten werden zum Standard. In: ZDNet.de <http://www.zdnet.de/news/print_this.htm?pid=39152560-39001023c> (abgerufen: 12.5.2009)

Flusser, Vilém (1989a): Ins Universum der technischen Bilder. Kap. 1. Göttingen.

Flusser, Vilém (1989b): Die Schrift. Hat Schreiben Zukunft? Göttingen.

Fortunato, Santo; Alessandro Flammini, Filippo Menczer, Alessandro Vespignani (2006): The egalitarian effect of search engines. (URL: http://arxiv.org/abs/cs.CY/0511005

Franck, Georg (1998): Ökonomie der Aufmerksamkeit. München.

Freiwald, Sven (2004): Die private Vervielfältigung im digitalen Kontext am Beispiel des Filesharing. Baden-Baden.

Fritz, Wolfgang (2001): Internet-Marketing und Electronic Commerce. Grundlagen – Rahmenbedingungen – Instrumente. Mit Praxisbeispielen. Wiesbaden.

Gallery, Heike (2000): »bin-ich-klick-ich«. Variable Anonymität im Chat. In: Caja Thimm (Hrsg.): Soziales im Netz. Sprache, Beziehungen und Kommunikationskulturen im Internet. Opladen. S. 71–88.

Gauntlett, David (2000): web.studies. Rewiring Media Studies for the Digital Age. London.

Genette, Gérard (1989): Paratexte. Frankfurt am Main.

Gillies, James/Robert Cailliau (2002): Die Wiege des Web. Die spannende Geschichte des WWW. Heidelberg.

Gilmor, Dan (2004): We the Media. Grasroots Journalism by the People for the People. New York.

Gleich, Michael (2002): Web of life. Die Kunst vernetzt zu leben. Hamburg.

Gleick, James (1994): The Information Future. Out of Control. In: New York Times Magazine vom 1.5.1994. S. 54–57.

Gscheidle, Christoph/Martin Fisch (2007): Online 2007. Das »Mitmach-Netz« im Breitbandzeitalter. In: Media Perspektiven H. 8. S. 393–405.

Gumpert, Gary/Susan J. Drucker (1996): From Locomotion to Telecommunication, or Paths of Safety, Streets of Gore. In: Lane Strate/Ronald Jacobson/Stephanie B. Gibson (Hrsg.): Communication and Cyberspace: Social Interaction in an Electronic Environment. Cresskill. S. 25–38.

Tom Gunning, »The Cinema of Attractions: Early Film, Its Spectator and the Avant-Garde«. In: Early Cinema: Space Frame Narrative, hrsg. v. Thomas Elsaesser, London 1990, S. 58–59.

Hafner, Katie/Matthew Lyon (1997): Arpa Kadabra oder Die Geschichte des Internet. Heidelberg.

Haraway, Donna (1995): Die Neuerfindung der Natur. Primaten, Cyborgs und Frauen. Frankfurt am Main.

Healy, Dave (1996): Cyberspace and Place. The Internet as Middle Landscape on the Electronic Frontier. In: David Porter (Hrsg.): Internet Culture. New York/ London. S. 55–72.

Höflich, Joachim R. (1996): Technisch vermittelte interpersonale Kommunikation. Grundlagen, organisatorische Medienverwendung, Konstitution »Elektronischer Gemeinschaften«. Opladen.

Höflich, Joachim R. (1997): Zwischenmassenmedialer und technisch vermittelter interpersonaler Kommunikation. Der Computer als Hybridmedium und was die Menschen damit machen. In: Klaus Beck/Gerhard Vowe (Hrsg.): Computernetze. Ein Medium öffentlicher Kommunikation? Berlin. S. 85–104.

Holtrop, Thomas/Mathias Döpfner/Bernd W. Wirtz (2003): Deutschland online. Entwicklungsperspektiven der Medien- und Internetmärkte. Wiesbaden.

Hooffacker, Gabriele (2001): Online-Journalismus. Schreiben und Gestalten für das Internet. Ein Handbuch für Ausbildung und Praxis. München.

Hornig, Frank (2006): Du bist das Netz. In: Der Spiegel Nr. 29 vom 17.7.2006. S. 61–74.

Introna, L. D./Nissenbaum, H. (2000): Shaping the Web: Why the politics of search engines matters. The information society 16, no. 3: 169–185. (www.nyu.edu/ projects/nissenbaum/papers/searchengines.pdf)

Jarren, Otfried/Werner A. Meier (2001): Ökonomisierung und Kommerzialisierung von Medien und Mediensystem. Einleitende Bemerkungen zu einer (notwendigen) Debatte. In: Medien & Kommunikationswissenschaft. H. 49 Jg. 2001/2. S. 145–158.

Jenkins, Henry (2006): Convergence Culture. Where Old and New Media Collide. New York.

Johnson, Steven (1999): Interface Culture. Wie neue Technologien Kreativität und Kommunikation verändern. Stuttgart.

Jones, Steven G. (1998): Doing Internet. New York.

Kammer, Manfred (2003): Hypertext. In: Ralf Schnell (Hrsg.): Lexikon der Moderne. Stuttgart.

Kamps, Klaus/Jörg-Uwe Nieland (Hrsg.) (2006): Regieren und Kommunikation. Meinungsbildung, Entscheidungsfindung und gouvernementales Kommunikationsmanagement. Trends, Vergleiche, Perspektiven. Köln.

Kohlenberg, Kerstin (2006): Die anarchische Wiki-Welt. In: Die Zeit, Nr. 37 vom 7.9.2006.

Köhler, Lutz/Thomas Hess (2004): »Deutschland sucht den Superstar.« Entwicklung und Umsetzung eines cross-medialen Produktkonzepts. In: MedienWirtschaft: Zeitschrift für Medienmanagement und Kommunikationsökonomie Jg. 1, H. 1. S. 30–37

Krotz, Friedrich (1995): Elektronisch mediatisierte Kommunikation. Überlegungen zur Konzeption einiger zukünftiger Forschungsfelder der Kommunikationswissenschaft. In: Rundfunk und Fernsehen H. 43. S. 445–462.

Krotz, Friedrich (1997): Hundert Jahre Verschwinden von Raum und Zeit? Kommunikation in den Datennetzen in der Perspektive der Nutzer. In: Klaus Beck/Gerhard Vowe (Hrsg.): Computernetze – ein Medium öffentlicher Kommunikation? Berlin. S. 105–126.

Krotz, Friedrich (2002): Die Welt im Computer. Überlegungen zu dem unterschätzten Medium Computerspiel. In: Ästhetik und Kommunikation. Jg. 32, H. 115. S. 25–30

La Roche, Walther von (2006): Einführung in den praktischen Journalismus. Berlin.

Lange, Patricia G. (2009): Videos of Affinity on YouTube. In: Patrick Vonderau/Pelle Snickars (Hrsg.): The YouTube Reader. Stockholm. S. 228–247.

Laurel, Brenda (1993): Computers as Theatre. Reading.

Lee, Judith Yaross (1996): Charting the Codes of Cyberspace. A Rhetoric of Electronic Mail. In: Lane Strate/Ronald Jacobson/Stephanie B. Gibson (Hrsg.): Communication and Cyberspace. Social Interaction in an Electronic Environment. Cresskill. S. 275–296.

Leggewie, Claus/Christa Maar (Hrsg.) (1998): Internet & Politik. Von der Zuschauer- zur Beteiligungsdemokratie? Köln.

Lehmann, Kai/Schetsche, Michael (Hrsg.) (2005), Die Google-Gesellschaft. Vom digitalen Wandel des Wissens. Bielefeld.

Lenk, Carsten (1997): Die Erscheinung des Rundfunks. Einführung und Nutzung eines neuen Mediums 1923–1932. Opladen.

Loosen, Wiebke (1999): Suchmaschinen. »Informations- und Wissensverwalter« im World Wide Web. In: Medien Journal H. 3. S. 42–48.

Luhmann, Niklas (1981): Soziologische Aufklärung. Opladen.

Markus, Hazel/Elizza Wurf (1987): The Dynamic Self-Concept: A Social Psychological Perspective. Annual Review of Psychology. 38. S. 299–337

McLuhan, Marshall (1992): Die magischen Kanäle. Understanding Media. Düsseldorf.

Meckel, Miriam (2007): »Lobgesang auf Wiederauferstehung«. In: epd medien. Nr. 3. S. 23–27.

Meier, Klaus (1999): Neue journalistische Formen. In: ders. (Hrsg.): Internet-Journalismus. Ein Leitfaden für ein neues Medium. Konstanz. S. 21–138.

Mitchell, William (1997): Die neue Ökonomie der Präsenz. In: Stefan Münker/Alexander Roesler (Hrsg.): Mythos Internet. Frankfurt am Main. S. 15–36.

Neuberger, Christoph (1999): Vom Papier auf den Bildschirm. In: Christoph Neuberger/Jan Tonnemacher (Hrsg.): Online – Die Zukunft der Zeitung? Opladen, Wiesbaden. S. 16–56.

Neverla, Irene (Hrsg.) (1998): Das Netz-Medium. Kommunikationswissenschaftliche Aspekte eines Mediums in Entwicklung. Opladen.

Nielsen, Jakob (2001): Designing Web Usability + Homepage Usability. (Doppelband) Frankfurt am Main.

Palm, Goedart (2004): CyberMedienWirklichkeit. Virtuelle Welterschließungen. Hannover.

Papanek, Victor (1972): Design for the Real World. Human Ecology and Social Change. London.

Patalong, Frank (2007): Ruckel 'n' Roll. Web Event »Live Earth«. In: Spiegel Online vom 9.7.2007. http://www.spiegel.de/netzwelt/web/0,1518,493263,00.html. (Abruf 15.4.2008)

Patrick Vonderau/Pelle Snickars (Hrsg.) (2009): The YouTube Reader. Stockholm.

Pentzold, Christian (2007): Wikipedia. Diskussionsraum und Informationsspeicher im neuen Netz. München.

Praschl, Peter (2001): Kategorisierung von Weblogs. In: jonet.org. (Abruf: 23.1.2009)

Projektgruppe ARD/ZDF-Multimedia (Hrsg.) (2007): Internet zwischen Hype, Ernüchterung und Aufbruch. 10 Jahre ARD und ZDF Online Studie.

Prokop, Dieter (2001): Der Kampf um die Medien. Das Geschichtsbuch der neuen kritischen Medienforschung. Hamburg.

Renner, Tim (2004): Kinder, der Tod ist gar nicht so schlimm! Über die Zukunft der Musik- und Medienindustrie. Frankfurt am Main/New York.

Rheingold, Howard (2000): Community Development in the Cybersociety of the Future. In: David Gauntlett (Hrsg.): Web.Studies. Rewiring media studies for the digital age. New York. S. 47–62.

Rheingold, Howard (2003): Smart Mobs. The Next Social Revolution. Cambridge.

Rice, Ronald. E. (1989): Issues and Concepts in Research on Computer-Mediated-Communication Systems. In: Communication Yearbook 12. O.S.

Riefler, Katja (1997): Zeitungen Online. Was sucht ein Traditionsmedium in Computernetzen? In: Klaus Beck/Gerhard Vowe (Hrsg.): Computernetze – ein Medium öffentlicher Kommunikation? Berlin.

Rizzo, Theresa (2009): YouTube. The New Cinema of Attractions. In: Patrick Vonderau/Pelle Snickars (Hrsg.): The YouTube Reader. Stockholm.

Robinson, Gertrude Joch (1973): Fünfundzwanzig Jahre »Gatekeeper«-Forschung: Eine kritische Rückschau und Bewertung. In: Jörg Aufermann/Hans Bohrmann/Rolf Sülzer (Hrsg.): Gesellschaftliche Kommunikation und Information. Bd. 1. Frankfurt/M. S. 345–355.

Röhle, Theo (2009): Dispositiv Google. Zur Analytik der Suchmaschinenmacht. Unveröffentlichte Dissertationsschrift. Hamburg.

Röll, Franz Josef (2001): Zur Ästhetik des Internets. Wahrnehmungsdispositive eines neuen Mediums. In: medien praktisch H. 3. S. 13–17.

Rötzer, Florian (1995): Die Telepolis. Urbanität im digitalen Zeitalter. Mannheim.

Sandbothe, Mike (1997): Digitale Verflechtungen. Eine medienphilosophische Analyse von Bild, Sprache und Schrift im Internet. In: Klaus Beck/Gerhard Vowe (Hrsg.): Computernetze. Ein Medium öffentlicher Kommunikation. Berlin. S. 145–159.

Scherer, Helmut/Harald Berens (1998): Kommunikative Innovatoren oder introvertierte Technikfans? Die Nutzer von Online-Medien diffusions- und nutzentheoretisch betrachtet. In: Lutz W. Hagen (Hrsg.): Online-Medien als Quellen politischer Information. Empirische Untersuchungen zur Nutzung von Internet und Online-Diensten. Wiesbaden. S. 54–93.

Schmidt, Jan (2006): Weblogs. Eine kommunikationssoziologische Studie. Konstanz.

Schmidt, Jan (2009): Das neue Netz. Merkmale, Praktiken und Folgen des Web 2.0. Konstanz.

Schmitz, Ulrich (2001): Optische Labyrinthe im digitalen Journalismus. In: Hans-Jürgen Bucher/Ulrich Püschel (Hrsg.): Die Zeitung zwischen Print und Digitalisierung. Wiesbaden. S. 207–232

Schnell, Ralf (2000): Medienästhetik. Zu Geschichte und Theorie audiovisueller Wahrnehmungsformen. Stuttgart.

Schönfeldt, Juliane (2001): Die Gesprächsorganisation in der Chat-Kommunikation. In: Michael Beißwenger (Hrsg.): Chat-Kommunikation. Sprache, Interaktion, Sozialität & Identität in synchroner computervermittelter Kommunikation. Perspektiven auf ein interdisziplinäres Forschungsfeld. Stuttgart. S. 25–54.

Sherman, Chris/Gary Price (2001): Information Today Medford, New Jersey.

Silver, David (2000): Looking Backwards, Looking Forwards: Cyberculture Studies 1990–2000. In: David Gauntlett: Web.Studies. Rewiring media studies for the digital age. New York, London. S. 19–30.

Simanowskin Roberto (2001): Digitale Literatur. Text + Kritik H. 152. München.

Simon, Nicole/Nikolaus Bernhardt (2008): Twitter: mit 140 Zeichen zum Web 2.0. München.

Skopec, David (2004): Layout digital. Reinbek.

Stegbauer, Christian (2000): Begrenzungen und Strukturen internetbasierter Kommunikationsgruppen. In: Caja Thimm (Hrsg.): Soziales im Netz. Opladen. S. 18–38.

Storrer, Angelika (2001): Sprachliche Besonderheiten getippter Gespräche. Sprecherwechsel und sprachliches Zeigen in der Chat-Kommunikation. In: Michael

Beißwenger (Hrsg.): Chat-Kommunikation. Sprache, Interaktion, Sozialität & Identität in synchroner computervermittelter Kommunikation. Perspektiven auf ein interdisziplinäres Forschungsfeld. Stuttgart. S. 3–24.

Storrer, Angelika (2002): Neue Medien – Neue Stilfragen. Das World Wide Web unter stilistischer Perspektive. In: Eva Jakobs/Annely Rothkegel (Hrsg.): Perspektiven auf Stil. Tübingen. S. 89–112.

Strate, Lance/Ronald Jacobson/Stephanie B. Gibson (1996): Surveying the Electronic Landscape: An Introduction to Communication and Cyberspace. In: Lance Strate/Ronald Jacobson/Stephanie B. Gibson. (Hrsg.): Communication and Cyberspace. Social Interaction in an Electronic Environment. Cresskill. S. 1–22.

Surowiecki, James (2005): Die Weisheit der Vielen. Warum Gruppen klüger sind als Einzelne und wie wir das kollektive Wissen für unser wirtschaftliches, soziales und politisches Handeln nützen können. München.

Thiedeke, Udo (2000): Virtuelle Gruppen. Charakteristika und Problemdimensionen. Wiesbaden. S. 67.

Thimm, Caja (2000): Einführung: Soziales im Netz. (Neue) Kommunikationskulturen und gelebte Sozialität. In: dies. (Hrsg.): Soziales im Netz. Sprache, Beziehungen und Kommunikationskulturen im Internet. Opladen. S. 7–16.

Turkle, Sherry (1995): Leben im Netz. Identität in Zeiten des Internet. Reinbek.

Uricchio, William (2009): The Future of Television. In: Pelle Snickars/Patrick Vonderau (Hrsg.): The You Tube Reader. London. S. 24–39

Wertheim, Margaret (2000): Die Himmelstür zum Cyberspace. Eine Geschichte des Raumes von Dante zum Internet. Zürich.

Wetzstein, Thomas/Hermann Dahm/Linda Steinmetz/Anja Lentes/Stephan Schampaul/Roland Eckert (1995): Datenreisende. Die Kultur der Computernetze. Opladen.

Wieland, Melanie/Matthias Spielkamp (2003): Schreiben fürs Web. Konzeption – Text – Nutzung. Konstanz.

Winkler, Hartmut (1997): Docuverse. Zur Medientheorie der Computer. München.

Winston, Brian (1998): Media technology and society. A history. From the telegraph to the Internet. London u. a.

Wyver, John (1999): »Broadcasting« und »Inhabited Television«. Neue Formen partizipatorischer Medien. In: Stefan Münker/Alexander Roesler (Hrsg.): Televisionen. Frankfurt am Main S. 148–170.

Zehnder, Matthias W. (1998): Gefahr aus dem Cyberspace? Basel.

Zipfel, Theodor (1998): Online Medien und politische Kommunikation im demokratischen System. In: Lutz M. Hagen (Hrsg.): Online Medien als Quellen politischer Information. Wiesbaden. S. 41–53.

Index

Weiterlesen

Film | Journalismus Kommunikationswissenschaft | Public Relations | Soziologie | Geschichte

Online-Kommunikation

Anja Ebersbach,
Markus Glaser, Richard Heigl
Social Web
2008, 278 Seiten
80 s/w Abb., broschiert
ISBN 978-3-8252-3065-4

Jan Schmidt
Das neue Netz
Merkmale, Praktiken und
Folgen des Web 2.0
2009, 214 Seiten
10 s/w Abb., broschiert
ISBN 978-3-86764-146-3

Sebastian Schnorf
Diffusion in sozialen Netzwerken der Mobilkommunikation
2008, 230 Seiten, broschiert
ISBN 978-3-86764-070-1

Patrick Brauckmann (Hg.)
Web-Monitoring
Gewinnung und Analyse von
Daten über das Kommunikations-
verhalten im Internet
2010, 412 Seiten
85 s/w Abb., broschiert
ISBN 978-3-86764-215-6

Udo Thiedeke
Trust, but test!
Das Vertrauen in virtuellen
Gemeinschaften
2007, 424 Seiten, broschiert
ISBN 978-3-89669-622-9

Klicken + Blättern

Leseprobe und Inhaltsverzeichnis unter

Erhältlich auch in Ihrer Buchhandlung.

UVK
UVK Verlagsgesellschaft mbH